2,200

GUDRUN BURKHARD

BUSCANDO EL HILO DE LA VIDA

TRABAJO EN LA PROPIA BIOGRAFÍA

Con un prefacio de la
Dra. Michaela Glöckler

EDITORIAL RUDOLF STEINER
Guipúzcoa, 11 1°izda
28020 MADRID (España)
Telf. 91.553.14.81

Editorial Antroposófica
El Indio 1837
1607 Villa Adelina - Buenos Aires

Título original: *Das Leben in die Hand Nehmen. Arbeit an der eigenen Biographie* / Gudrun Burkhard - Verlag Freies Geistesleben, 1992

©2000 - Editorial Rudolf Steiner, S.A.
Traducción: *Córdula Danko*
ISBN nº 84-89197-54-7
Depósito Legal: M-22.992-2000
Portada: *Muchacha mirándose en el espejo*. P.Picasso
Museo de Arte Moderno de Nueva York
Diseño Portada: G.Costa
Maquetación: Lola López de Cuéllar
Impresión: Grefol S.A.
Fotomecánica: Montytexto

Contenido

Prefacio de *Michaela Glöckler* 7

Agradecimientos 9
Introducción 11

PRIMERA PARTE: LAS LEYES DE LA BIOGRAFÍA HUMANA

1. Panorámica general 19
   1.1 *Biografía 1* 27
   1.2 *Biografía 2* 37

2. El desarrollo hasta los 21 años:
   "El devenir del hombre"- Preparación para la vida 43
   2.1 *Los 21 años* 63

3. La fase entre los 21 y los 42 años:
   "Ser persona" - el desarrollo anímico 65
   3.1 *Carta de un estudiante de medicina de 22 años* 69
   3.2 *La fase de desarrollo entre los 21 y los 28 años* 72
   3.3 *Los 28 años: La crisis de los talentos* 77
   3.4 *De los 28 a los 35 años: "Muerte y resurrección"* 84
   3.5 *Biografía 3 - Vivencias entre los 30 y los 33 años* 91
   3.6 *Biografía 4* 99
   3.7 *Los 35 años y la fase entre los 35 y los 42 años* 106
   3.8 *Biografía 5* 112
   3.9 *La crisis alrededor de los 42 años* 115
   3.10 *Biografía 6* 119

4. Desde los 42 hasta los 63 años:
   "La plenitud del hombre"- desarrollo espiritual 127
   4.1 *De los 42 a los 49 años: Nueva creatividad y visión* 130
   4.2 *De los 49 a los 56 años: Nueva capacidad de escucha* ...136
   4.3 *Biografía 7* 140
   4.4 *De los 56 a los 63 años: El "lado intuitivo"* 148

4.5 Biografía 8
Relato de vida en forma de cuento de hadas 154
5. Las últimas fases en la vida del hombre 163
6. Ritmos y simetrías en la biografía 169

SEGUNDA PARTE: TRABAJO EN LA PROPIA BIOGRAFÍA

7. Metodología 187
8. La motivación vital - El secreto de poner metas 209
9. Recomendaciones esquemáticas para encontrar
   metas personales 215
10. Algunas preguntas en torno al trabajo
    en la propia biografía 219
11. Autobiografía de la autora 223

Prefacio a la edición alemana

El trabajo biográfico es de gran actualidad en nuestros días. Se editan muchos libros y revistas relacionados con este tema; los cursos y conferencias que se ofertan aparecen repletos. Este trabajo es de gran importancia para personas que estén atravesando situaciones críticas o graves enfermedades; es también de gran ayuda para todo el que busca profundizar en el conocimiento de sí mismo y al mismo tiempo desea impulsar y mejorar su nivel de interés y comprensión hacia otras personas y su situación vital. La autora ha escrito el presente libro basándose exclusivamente en su trabajo práctico, vislumbrándose en todo momento su experiencia médica. Nos habla desde su visión personal de la imagen antroposófica del ser humano y las leyes del desarrollo biográfico allí expuestas. Su preocupación principal consiste en elevar a la consciencia los momentos de luz y de sombra presentes en cualquier biografía, de forma que la persona logre abordar estos dos lados de la vida integrando incluso los aspectos poco positivos y oscuros como verdaderos valores dentro de la autobiografía. Todos los relatos y ejemplos están tomados de vivencias concretas, induciendo al lector a seguir la línea de pensamiento desarrollada para ocuparse de su propia biografía como materia de trabajo.

En la segunda parte del libro se hallan indicaciones metodológicas para el trabajo autobiográfico que pueden servir de punto de partida para dicha tarea.

Gudrun Burkhard es la fundadora de la medicina antroposófica en Brasil y de la prestigiosa "Clínica Tobías" que se convirtió en el centro del trabajo médico-antroposófico. En los últimos años ha concentrado sus esfuerzos en la convalecencia del cáncer; la dietética y el trabajo biográfico. Para ello ha fundado la clínica de convalecencia y reposo "Artemisia". Desde entonces ha ampliado el radio de acción de sus cursos y conferencias desde Brasil hasta Europa, donde invita a trabajar biográficamente, sobre todo en Suiza, Alemania, España y Portugal.

Una de las principales preocupaciones de Gudrun Burkhard siempre ha sido ver y desarrollar su trabajo médico en Brasil en consonancia espiritual con las metas trazadas por la sección médica del Goetheanum. Esperamos que su criterio con respecto al trabajo biográfico se integre de forma constructiva en el círculo de publicaciones alemanas que abordan este tema.

Sección médica del Goetheanum
Dornach/ Schweiz
Agosto de 1992

Michaela Glöckler

Agradecimientos

Este libro está dedicado con gratitud a mis maestros Rudolf Steiner e Ita Wegman, Norbert Glas, Rudolf Treichler y Bernard Lievegoed, y muy especialmente a Helmut J. ten Siethoff, que hace quince años nos dio a mí y a mi marido las bases para el trabajo biográfico.

Asimismo quiero dar gracias especialmente a todas las personas que han confiado en nuestro trabajo y han hecho posible la creación de este libro con la riqueza de sus vidas. Mi agradecimiento también es para mi primer marido y compañero Peter Schmidt y nuestros cuatro hijos, así como para mi segundo marido Daniel Burkhard, mi acompañante en tiempos felices y difíciles que atravesamos hombro a hombro.

Gracias también a todos los colaboradores de "Artemisia", el lugar que fue acondicionado para nuestro trabajo en Brasil.

Lily Wilda y Suzana H. Lüchow han contribuido a la realización de la obra escrita. Los dibujos son de Michael Seltz.

Gudrun Krökel-Burkhard

Introducción

Cuando dos amigos que no se han visto en mucho tiempo vuelven a encontrarse, suelen hablar de sus vidas. Se cuentan las vivencias y experiencias personales acontecidas hasta el momento de su reencuentro. Seguramente a ustedes, estimados lectores, les ocurra lo mismo.

De este modo vuelven a despertar ciertos recuerdos olvidados hace mucho tiempo. Se hacen preguntas o se comentan asociaciones y evocaciones acerca de lo escuchado. La conversación transcurre como dos ríos que se encuentran de cuando en cuando, que se entremezclan, se intercambian y vuelven a sus cauces para seguir su propio curso. Podríamos estar horas conversando de esta manera. ¿Por qué este dialogo resulta tan reconfortante? Nuestra personalidad y la de nuestro interlocutor parecen como rozadas por una varita mágica, se vuelven totalmente alertas y presentes. Nuestro pasado brilla hasta la actualidad, y a menudo se van perfilando nuevas decisiones y metas para el futuro.

Cuando analizamos de forma más consciente este proceso natural que todos experimentamos, y lo interiorizamos, podemos comenzar a trabajar en nuestra propia biografía. Este libro pretende ser un impulso para que periódicamente dediquemos un espacio de tiempo a trabajar sobre nuestra biografía —periodos que pueden ser de varios años— solos en nuestra habitación, al aire libre en contacto con la naturaleza, con amigos o con otras personas en el marco de un curso. Ello dependerá de nuestra situación actual: si queremos concentrarnos más en nosotros mismos o si buscamos un enriquecimiento a través de las experiencias de los demás.

Existen muchas biografías de personajes célebres, pero para cada uno es su propia biografía la que más cuenta. Podemos afirmar rotundamente que cada una de las más de mil biografías que hemos escuchado en conversaciones es distinta, única y sumamente interesante.

Hoy día sirve de bien poco ser un genio o tener mucho talento. Esa genialidad puede ser útil para los demás y brindarle nuevos hitos al mundo. Sin embargo sirve de poco si esa persona no sabe vivir en sociedad, si choca continuamente con otras personas, si no es capaz de arreglarse con los demás, o no está dispuesta a llevar a cabo un trabajo de evolución personal. La genialidad irradia del pasado, pero a través del trabajo con nosotros mismos, del encuentro con otras personas y de la conducta frente a éstas, nos movemos inmersos en una continua transformación del presente hacia el futuro. "Es un genio, pero es imposible en la vida social". Hoy día no encuentra justificación la conducta de una persona que se caracteriza por esta frase. Una persona menos dotada y que tiene que hacer grandes esfuerzos por alcanzar ciertas habilidades, cosechará más frutos en el futuro que aquélla que dispone de mucho talento y no se perfecciona.

Después de un seminario biográfico, una de las participantes formuló la siguiente pregunta: "¿Cómo puedo evitar enamorarme de mi propia biografía?" Al respecto sería importante tener en cuenta el siguiente punto de vista: cuanto más trabajamos en nuestra propia biografía y más la comprendemos, mejor entendemos a las demás personas. Son, por así decirlo, los mismos "órganos" que despiertan la comprensión. Al dirigir la mirada hacia atrás, también nos damos cuenta de todo lo que tenemos que agradecer a otras personas. Gracias a éstas nos hemos convertido en lo que somos ahora. Y nos invadirá una sensación de agradecimiento. Podemos ampliar este pensamiento infinitamente. ¿Cuánto debemos a nuestro ángel y a los seres que han creado al hombre? ¿Cuántas veces hemos corrido peligro de perder la vida y nos hemos salvado en el último instante? Muchas situaciones se las debemos a los poderes conductores del destino que son más sabios que nosotros mismos. Y cuando reflexionamos acerca de estas situaciones con especial gratitud, vemos con claridad: ¡Sin ayuda nunca lo habría conseguido!

Cada vez son más las personas que hoy día sufren de soledad. Los tiempos actuales nos han llevado a estar separados del mundo espiritual. Nuestros antepasados aún tenían una relación natural con lo religioso. Ahora que somos personas modernas y científicas, hemos perdido esta relación. Además nos hemos librado de las viejas ataduras familiares. Todo el mundo quiere seguir su propio camino. La generación de los jóvenes está cada vez menos dispuesta a involucrarse en los cometidos y tareas de sus mayores, por no hablar de que el hijo se haga cargo del negocio de su padre. También decrece cada vez más el sentimiento de pertenencia al propio país, a la ciudad o pueblo de cada uno. Cada vez más nos convertimos en ciudadanos del mundo en el sentido más amplio del término. Los modernos medios de comunicación nos permiten enterarnos en un instante de todo cuanto sucede en el mundo entero. También hemos perdido el contacto natural que nuestros antepasados mantenían con la tierra, la naturaleza y sus circunstancias. Incluso destruimos la naturaleza que nos rodea.

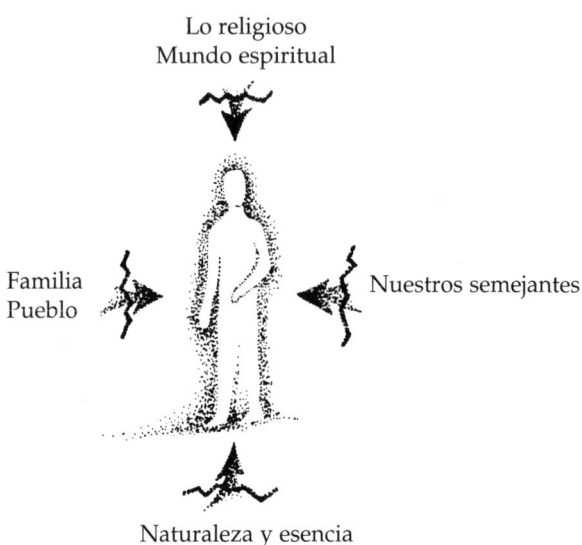

Figura 1

Aunque estamos constantemente rodeados de otras personas y tenemos poco contacto con ellas, nos sentimos solos. Se nos plantea la cuestión: ¿Cómo podemos superar esta soledad? Única y exclusivamente a través de un contacto consciente con lo espiritual, a través de una nueva forma de relación con la familia, con la naturaleza y sobre todo, con nuestros semejantes. El primer paso en esta dirección consiste en interesarse por la otra persona, en acercarse a ella y no esperar que acuda a nosotros, y a partir de ahí intentar comprender mejor su individualidad. Para ello sirve de gran ayuda conocer el transcurso de la vida de esa persona, acercándose a su biografía con una actitud de comprensión en lugar de crítica. ¡Qué maravillosa y única es cada biografía y cómo cada uno ha conseguido resolver éste o aquél problema de un modo original! Quedamos admirados.

El trabajo consciente sobre nuestra propia biografía genera la comprensión por la biografía de la otra persona y nos ayuda a construir un puente hacia ella. En el "Cuento de la Serpiente Verde" de Goethe, el Rey pregunta a la serpiente: "¿Qué es más brillante que el oro?" - "La luz", responde la serpiente. "¿Qué es más confortante que la luz?" pregunta él. - "La conversación", responde ella.

Una conversación mantenida conscientemente conlleva en sí un elemento unificador: ¡construye nuevos puentes!

Los aspectos expuestos en este libro son el resultado de una actividad de muchos años, en la que mis colaboradores y yo, hemos trabajado en grupo con muchas personas. Hace quince años que llevamos ofreciendo cursos sobre trabajo biográfico y sobre las leyes biográficas en Brasil. En mi autobiografía al final de este libro se puede constatar cómo llegué a este trabajo. Los cursos son el resultado de un impulso terapéutico. Están abiertos a todos los interesados, sin embargo se dirigen sobre todo a personas que atraviesan una situación difícil tanto de índole psíquica como física. Además, nuestros cursos son frecuentados por personas que se encuentran inmersas en una crisis profesional o vital. Las distintas biografías incluidas en este libro son verídicas. Fueron redactadas por distintos participantes en nuestros seminarios biográficos.

La primera parte del libro relata mis observaciones acerca del desarrollo vital del ser humano y ofrece unas orientaciones generales sobre las leyes que rigen la biografía. En la segunda parte del libro se expone la metodología que seguimos en nuestros cursos. También se muestra la manera de enfocar el trabajo personal en la biografía propia. Las poesías entre los distintos capítulos pueden servir de hilo conductor para el trabajo biográfico.

Primera Parte:

Las Leyes de la Biografía Humana

Canto de los genios sobre las aguas

El alma del hombre
se parece al agua:
de los altos cielos
a la tierra baja.
Para nuevamente,
con ligeras alas,
en eterna danza,
tornar otra vez
a esta tierra ingrata.

Cuando de alta roca,
con estruendo rueda,
el puro manantial,
brioso se despeña,
con hirviente curso
que el contorno vela,
hacia el hondo valle
que allá abajo espera.

Entre huraña espuma
las peñas rebasa,
que a su paso oponen
inútil muralla,
y en gradual descenso
al fondo se lanza.

Sobre un manso cauce
el prado recorre
y en su liso espejo,
llegada la noche, se miran los astros
que esmaltan el cielo.

Rival de sus ondas,
y a la par amante,
es el viento leve,
voluble, inconstante,
que alborota y peina,
todo a un mismo tiempo,
su trenza espumante.

¡Oh alma del hombre,
como al agua te asemejas!
¡Destino del hombre
como al viento recuerdas!

Johann Wolfgang von Goethe

1
Panorámica general

Antes de ocuparnos de aspectos específicos de la biografía, daremos una visión general de las leyes que rigen el desarrollo vital en su totalidad. Por ello comenzamos esbozando la biografía humana de forma esquemática.

El desarrollo vital del ser humano puede dividirse en tres grandes períodos:

- La primera fase de la vida humana se caracteriza sobre todo por el desarrollo físico. Nuestra individualidad está ocupada en la construcción de nuestro cuerpo y en la maduración fisiológica de nuestros órganos. Este período abarca desde la concepción hasta los 21 años aproximadamente. Podríamos llamarla "fase receptora" o "preparación". En ella influimos poco en nuestro destino. Éste más bien nos viene dado por nuestro pasado.

- Después atravesamos una fase intermedia, en la que maduramos sobre todo en el ámbito anímico. En esta fase nos enfrentamos al gran reto de la autoeducación y autodesarrollo. Nuestra individualidad ya no está tan ligada al cuerpo como antes. A los 21 años se hace uno "mayor de edad" y es capaz de moldear la vida bajo su propia responsabilidad. Ahora vivimos en la fase de la gran "expansión", en la que formamos una familia, adquirimos una casa, ejercemos una profesión y nos realizamos a través de ella. Al mismo tiempo es una fase en la que tratamos con mucha gente: o sea, una fase orientada hacia la vida social.

Aprendemos de las otras personas. En las relaciones personales vivimos la confrontación, el amor, el entusiasmo, la antipatía. Debemos aprender a vivir con estos sentimientos y someterlos al control de nuestro Yo. Gracias a todos estos conflictos existenciales nuestra alma se va puliendo cada vez más; alcanzamos nuestra madurez psíquica. En este período nos realizamos como individuos en el mundo. Sólo después de esta fase de nuestra vida somos plenamente adultos. Entonces hemos alcanzado unos 42 años de edad. Durante el período del desarrollo anímico, los procesos constructivos y degenerativos de nuestro cuerpo están más o menos equilibrados, lo que nos permite ser extraordinariamente productivos hacia el exterior.

- Ahora entramos en la tercera fase, la del desarrollo espiritual. Igual que en una planta que ha crecido y se ha llenado de flores y frutos, deben hacerse visibles los frutos de nuestra vida. Debemos dejarlos madurar plenamente. A lo largo de este período las fuerzas biológicas van decayendo poco a poco, prevaleciendo las fuerzas degenerativas del cuerpo. En nuestro desarrollo anímico espiritual no sólo nos planteamos metas propias, sino que nos dirigimos hacia metas superiores. En otras palabras: nos planteamos metas para la humanidad. Además nos ocupamos cada vez más de las generaciones que nos siguen. Alcanzar nuestras metas de desarrollo requiere un esfuerzo especial, puesto que en la fase que estamos atravesando ya no nos acompañan las fuerzas vitales del cuerpo. Por otra parte, ahora podemos desplegar una mayor consciencia, ya que los procesos constructivos del cuerpo obstruyen la consciencia. Después de una comida solemos estar somnolientos. Un lactante duerme casi sin cesar y duplica su peso de nacimiento en el plazo de seis meses.

Sin embargo, cuanto más avanza la degeneración del cuerpo, más evoluciona nuestra consciencia. Gracias a los procesos degenerativos, en este periodo se libera una mayor cantidad de fuerzas vitales, disponibles en forma de fuerzas de consciencia. (En la figura 2 hemos representado este desarrollo mediante la línea a.)

En este período de la vida, las fuerzas anímicas pueden estar a la altura del incremento de nuestras fuerzas de consciencia, o por el contrario pueden sucumbir ante la degeneración de nuestro cuerpo si no las trabajamos conscientemente. Por supuesto que puede ignorarse el proceso degenerativo del cuerpo para seguir trabajando con el máximo esfuerzo. Sin embargo, al cabo de unos años puede sobrevenir un gran derrumbamiento (cáncer, infarto, estrés, agotamiento, etc.) que nos obligará a tomar un descanso. Después hará falta una profunda reorganización de la vida. (Véase línea b en la figura 2.)

En el reino animal podemos observar que los animales en esta fase de la vida se vuelven inútiles e inservibles y sólo esperan que sobrevenga la muerte. El cuento de "Los músicos de Bremen" describe este hecho de forma evidente.

Si una persona piensa que a los 45 años de edad ya no merece la pena comenzar algo nuevo, decae en el desarrollo de su alma. (Véase línea de desarrollo c en la figura 2.)

Pero puesto que el hombre no es sólo un ser biológico, sino también un ser anímico-espiritual, dispone de grandes posibilidades de desarrollo en esta fase de su vida: "¡La vida comienza a los 40 años!" es una frase que caracteriza este hecho de forma muy acertada. En este periodo, las fuerzas anímico-espirituales se desprenden cada vez más del cuerpo, por lo que podemos desarrollar nuevas capacidades espirituales con una creciente libertad.

A fin de evitar malentendidos habría que decir que por

supuesto existe un desarrollo anímico en los primeros 21 años también. Sin embargo, este se encuentra muy ligado al cuerpo. El elemento espiritual de la personalidad comienza a brillar con una intensidad cada vez mayor. Y también es obvio que el desarrollo anímico continúa en la fase del desarrollo espiritual, o sea en el tercer gran período de nuestra vida, y mucho de lo que no se hizo en años anteriores puede aún recuperarse. Además no se puede comprender la fase del desarrollo anímico sin dirigir la mirada hacia el Yo que trabaja sin cesar en la transformación y transfiguración del alma. El cuerpo, el alma y el espíritu (Yo) siempre actúan en conjunto.

Las tres grandes fases de la vida pueden caracterizarse de la siguiente manera:

- En la primera fase prevalece el tomar, el recibir. Es el período de preparación, del "devenir del hombre".

- En la segunda fase, la interacción entre el dar y el tomar es más acusada. Es el periodo de vivir, de luchar, del "ser hombre".

- En la tercera fase, el dar ocupa el primer plano. Es el período de la "realización del hombre".

Estas fases se conocen desde antiguo; se las denominaba primavera, verano y otoño. Un jardinero que conoce bien las estaciones del año, sabe cuando debe sembrar o cosechar determinadas plantas. La persona que es consciente de las fases vitales, al igual que el buen jardinero, no intentará recoger los frutos antes de que el árbol haya crecido y florecido. En primavera todas las plantas aún están germinando y necesitan mucha energía para crecer. En verano, las plantas en la naturaleza se desarrollan plenamente y en otoño maduran los frutos y las semillas.

Finalmente en invierno, las semillas descansan en la tierra aguardando una nueva vida.

Si dividimos la vida humana en dos mitades, podemos afirmar que hasta los 35 años todo está enfocado hacia la preparación: es como una gran inhalación. El cuerpo inhala su individualidad espiritual. Este proceso podemos denominarlo encarnación (véase figura 2).

A partir de los 35 años predomina la faceta del dar: le damos a la vida y a las personas que nos rodean, lo que hemos recibido y lo hacemos fecundo para el mundo. Comienza la gran exhalación. Este desarrollo puede caracterizarse como un proceso de excarnación (véase de nuevo la figura 2). Resulta interesante que en este momento (aproximadamente a los 35 anos), el pulmón tiene su máxima capacidad de expansión. Su elasticidad ha alcanzado el volumen máximo y a partir de ahí disminuye paulatinamente. Con frecuencia, los deportistas llegan a su máximo rendimiento.

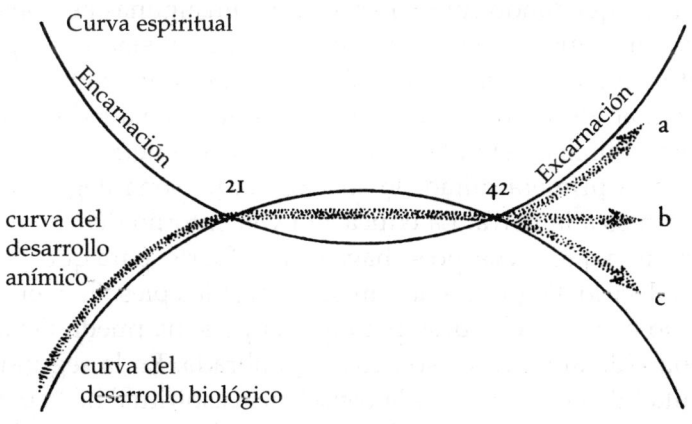

Figura 2

La biografía humana también puede compararse al ritmo del día. Salimos del sueño, nos despertamos poco a poco, nos abrimos al mundo. En primer lugar debemos calentar nuestro cuerpo para estar completamente dentro de él, para poder dominarlo plenamente, igual que el músico practica antes de llegar a dominar su instrumento y poder sacarle los sonidos más brillantes, como un atleta, que también hace un precalentamiento antes de participar en la competición. A continuación vienen las horas más productivas del día, comparables a los años más productivos de la vida en su fase intermedia. Al atardecer nos retiramos poco a poco de nuestro cuerpo, nos entra sueño y caemos dormidos; en la biografía sobreviene la muerte.

Hacia la mitad de nuestra vida se lleva a cabo una inversión de valores. Antes absorbíamos la sabiduría de nuestro entorno y la hacíamos penetrar en nosotros, mientras que ahora devolvemos estos valores transformados y purificados hacia nuestro exterior.

A menudo se percibe una especie de "aura" alrededor de un niño pequeño. Éste acoge el mundo con plena inocencia, quedando como maravillado. En algunas personas mayores que poseen un equilibrio y una satisfacción espiritual interior, vemos sin embargo un brillo y una luz que irradian desde dentro. Entonces, lo que había sido exterior, al final de la vida se retoma desde el interior.

En la primera mitad de su vida, la persona llega cada vez más a la tierra. La educación y el entorno deben contribuir a que el cuerpo se haga sano y fuerte, para que, por así decirlo, llegue a tener un suelo bajo los pies. El cuerpo sano constituye la base para que la persona pueda llevar una vida anímica y espiritual equilibrada. En la segunda mitad de la vida es más la consciencia espiritual de la persona la que contribuye a la armonía de la existencia, incluso cuando el cuerpo en ocasiones ya se encuentra afectado por enfermedades o achaques de la vejez. En esta fase de la vida, un comportamiento equilibrado en el ámbito anímico y espiritual, conforma la base del bienestar físico de la persona.

Estas tres grandes fases a su vez pueden subdividirse en otras tres fases más pequeñas, llegando así a períodos de siete años cada uno que denominamos septenios. Después de siete años observamos cambios esenciales en el curso vital, y debemos aprender a dirigir nuestra mirada hacia ellos.

Ya antiguamente el desarrollo vital se dividía en septenios (periodos de siete años). Rudolf Steiner retomó este modelo y lo afianzó mediante puntos de vista científico-espirituales. Al final o al comienzo de cada septenio suceden importantes transformaciones, que en la primera gran fase vital se hacen patentes sobre todo en el ámbito físico, siendo de nivel anímico en la segunda y de índole anímico-espiritual en la tercera fase. En el capítulo Ritmos y simetrías en la biografía procederemos a un análisis más profundo. En las biografías que citamos a modo de ejemplo prestaremos especial atención a los septenios. Para evitar un camino puramente teórico, examinaremos varias biografías que nos permitirán la paulatina conquista de los términos teóricos.

Ahora trataremos de comprender el elemento biográfico mediante la lectura de varias biografías.

1.1 Biografía 1

Nací en Portugal en una pequeña aldea cerca de Coimbra. Todo era muy verde, con muchos árboles y las montañas no estaban lejos. Era un lugar bello y tranquilo. Soy la tercera hija de la familia con un hermano tres años mayor y otro quince meses mayor. Mi primer recuerdo:

Fue alrededor de mi segundo cumpleaños cuando nació mi hermana pequeña. Escuché los gritos de mi madre a causa de las contracciones. Mis hermanos mayores no estaban en casa y me sentía muy sola. Me subí a una silla para mirar por la ventana. La vista daba sobre montes y valles. De pronto vi a la Madre de Dios con vestido rojo y capa azul. Me asusté mucho y salí corriendo.

Cuando volví a la casa a la edad de 66 años, pude ver de nuevo la ventana y la silla y sentí un ligero escalofrío. Aún puedo ver la escena igual que entonces.

Tres años más tarde nació otra hermana.

Cuando tenía tres años, mi padre perdió todo lo que tenía. Nos mudamos a casa de mis abuelos en Aveiro y mi padre emigró a Brasil, a Bahía. Yo para entonces tenía cuatro años. Después de un tiempo, mi madre, que estaba otra vez encinta, y los cuatro hermanos seguimos a mi padre a Salvador (Bahía). En menos de una semana mis dos hermanas murieron de un proceso diarréico bacteriano después de beber agua sucia. A la semana siguiente mi madre dio a luz a su bebé, mi nueva hermana. Como la pequeña recibía toda clase de cuidados para paliar la pérdida de las otras dos niñas, era lógico que me pusiera muy celosa.

Cuando tenía cinco años, toda la familia se trasladó a Río de

Janeiro. Sin embargo, allí todo era difícil. La salud de mi madre también era delicada, por lo que decidió volver a Portugal con los cuatro niños. Allí vivimos de nuevo en casa de los abuelos en Aveiro. Mi padre se quedó en Brasil trabajando de comercial. Más tarde, se mudó a São Paulo.

Aveiro era una ciudad muy bonita, llena de flores y muy limpia. El brazo de un río atravesaba la ciudad. Era un lugar muy atractivo sobre todo para nosotros, los niños, puesto que pasaban muchas barcas y embarcaciones adornadas con dibujos. Allí la vida era bulliciosa y llena de color. Mis hermanos iban al parvulario de Aveiro y yo asistía a un colegio de monjas donde cursaba estudios primarios. Después de los primeros cuatro años me cambiaron a otro colegio religioso en el que mejoré mi portugués y aprendí a hacer labores. A los once años caí enferma con fiebres paratíficas.

Entretanto mi padre había fundado en São Paulo una fábrica de cerámica para filtros de agua. Más adelante compró la empresa "Salus" que se dedicaba a la purificación y esterilización de aguas. Comenzó a producir filtros para esterilizar el agua.

Es interesante observar cómo la vivencia negativa del destino, la muerte de las dos hijas por aguas contaminadas, se transforma para convertirse en algo positivo.

En Aveiro, mi infancia fue algo triste puesto que mi hermana había acaparado toda la atención y yo me sentía algo desplazada. Hoy entiendo que tras la pérdida de sus otras dos hijas, esta niña fue como un ángel para mi madre. Seis años más tarde viajamos de nuevo a Brasil, pero en esta ocasión directamente a São Paulo. Para entonces tenia doce años. Mi padre tenía la ya mencionada fábrica de filtros de agua. Con doce años tuve la primera regla. De nuevo acudía a un colegio de monjas, São José, para repetir el cuarto curso de la escuela primaria. No tengo buenos recuerdos de este período escolar. Me encontraba otra vez rele-

gada, extraña y dejada de lado. Al volver de Portugal tenía un marcado acento portugués.

Hay que tener en cuenta que los brasileños hablan un portugués muy distinto y mucho más suave.

Me convertí en víctima de las burlas de mis compañeros. En la clase de geografía la monja siempre tenía alguna crítica hacia los portugueses. A mi me enfurecía su actitud y le reprochaba a mi padre haberme sacado de Portugal.
En secreto hasta hacía planes de viaje para volver allí. En este tiempo me volví muy introvertida y me encerré en mi misma.
Con 14 años comencé un curso de administrativo para hacerme secretaria. Mi madre en esta época trabajaba en una tienda. Cuando tenía 16 años, mi madre puso un comercio para vender los filtros de agua. Era la "Casa Salus" y comencé a trabajar allí por las tardes. Por las mañanas recibía clases de inglés y de piano. Yo era responsable de la caja y de todos los demás trabajos de oficina así como de la contabilidad del negocio. Fue una etapa muy feliz y me sentía realizada en mi trabajo además de muy importante. También era económicamente independiente.
Con unos 18 años, hice un largo y bonito viaje a Portugal en compañía de mis padres y mis hermanos. Me causó gran alegría visitar a mis parientes y ver los lugares de mi infancia. Después, al volver, continué trabajando y retomé mis estudios. Ganaba mi dinero para poder comprar lo que se me antojaba, que eran casi siempre cosas importadas. Me sentía feliz, independiente e importante. No obstante comencé a notar un gran vacío en mi vida. Eso me entristecía. De alguna manera me sentía poco útil, superficial y vacía. Quería ayudar y tener la sensación de ser necesaria para alguien. De vez en cuando viajaba con mi padre a Río de Janeiro, puesto que también allí teníamos una filial que mi padre tenía que visitar. La vida familiar siguió su curso. Mis hermanos se casaron y así tuve los primeros sobrinos.

Fue a los 25 años cuando conocí al hombre con el que me casaría más tarde y que dio sentido a mi vida. No estaba locamente enamorada, pero sentía gran simpatía y admiración por él. Con el tiempo se desarrolló un amor más profundo, un amor sólido y hermoso. Sin embargo, no me casé hasta los 28 años. Justo el día de mi boda, mi padre se encontraba de viaje y sufrió un ataque de apoplejía. En el mismo año viajó de nuevo a Portugal y murió en Aveiro en la casa de mis abuelos cuando yo tenía 29 años. Fue enterrado allí. Mi vida continuó del mismo modo entre el trabajo y la casa.

Yo admiraba mucho la inteligencia de mi marido, su forma de trabajar, su carácter y su moral. Era muy bondadoso, pero también muy celoso.

A la edad de 31 años y medio sufrí una fuerte infección intestinal con más de 40 grados de fiebre. Tuve el mismo sueño que durante las enfermedades de mi niñez: el sarampión y las paratíficas. Soñaba que subía más y más hasta llegar al cielo. Allí me recibía San Pedro, un amable señor mayor con barba y pelo blanco, para abrirme las puertas del cielo. Era maravilloso. Hermosos sonidos y flores blancas. También venía hacia mi San Antonio, de una belleza inolvidable e indescriptible. De pronto alguien me decía que aún no podía quedarme, que tenía que volver. Entonces me despertaba y gritaba. Caía más y más deprisa, caía encima de un alambre de espinos y me hacia sangre. Después, al despertar siempre sentía miedo y terror. Desde mi infancia, desde los 6 años más o menos, siempre tuve el mismo sueño con los mismos detalles. Con 31 años y medio, después de la fuerte infección intestinal, tomé consciencia de ello. Pasé algún tiempo en casa de mi madre para recuperarme de la enfermedad. En el mismo año, a la edad de 32 años, a mi marido le dio una especie de polineuritis y tuvo que serle practicada una punción en la columna vertebral. Pasó mucho tiempo hasta poder establecerse un diagnóstico exacto. Tres años después, cuando aún no se le había dado el diagnóstico correcto, mi mari-

do empezó a organizar sesiones de espiritismo y a experimentar con muchas cosas distintas. Se sospechaba que sufría de fiebres reumáticas, sin embargo ninguna de las pruebas que se le practicaron dio resultado positivo. Mi marido se volvió extremadamente agresivo, se rebelaba y hasta quería quitarse la vida. En esta época, el Dr. Alexander Leroi vino a Brasil para dar una serie de conferencias. Él supuso que mi marido tenía esclerosis múltiple. Esta sospecha se confirmó. Mi marido sufrió esta enfermedad durante 15 años. Esa era la tarea que yo había deseado: ser útil y poder ayudar a alguien.

Cuando tenía 36 años viajamos a Suiza. Mi marido pasó nueve meses en la Clínica Ita Wegman en Arlesheim. Allí conocimos a personas muy importantes y comenzamos a estudiar Antroposofía. A la edad de 37 años pasamos unos meses en Portugal, de nuevo en la casa de mis abuelos en Aveiro. Después volvimos a Brasil. Mi marido entonces ya utilizaba una silla de ruedas. En São Paulo continuó el tratamiento antroposófico y también los masajes y la euritmia curativa. Algunas veces se encontraba mejor y otras incluso peor. Mientras lo cuidaba, sentía que yo había cambiado mucho. Entre nosotros surgió un maravilloso amor espiritual, tan fuerte que nunca se acabará. Por las mañanas lo cuidaba y por las tardes iba a trabajar. En los quince años de su enfermedad él fue el instrumento de mi transformación, de mi elevación espiritual, maduración y purificación. Nunca más en la vida me he sentido poco importante, vacía o infeliz. Notaba una gran armonía interior, y esa fuerte unión con mi marido ha durado más allá de su muerte para fortalecerme, protegerme y guiarme hasta hoy.

Cuando cumplí 43 años, mi madre se vino a vivir con nosotros. Algunos años después, mi marido y yo visitamos la finca de unos parientes míos. Allí, el estado de él empeoró y desde entonces no volvió a salir de casa.

Un año más tarde, mi sobrino de 19 años murió en un trágico accidente de tráfico. En la boda de otro sobrino hicimos de testi-

gos. Otro sobrino sustituyó a mi marido en el altar. Yo tenía 45 años cuando mi madre empezó a tener problemas de corazón. Además, nuestra vieja empleada de hogar, que ya había cuidado de mi marido siendo niño, sufría de varices sangrantes y tuvo que ser operada. Así que de pronto tuve a mi cargo el cuidado de tres personas. La parálisis de mi marido avanzaba cada vez más. Finalmente murió el 4 de junio de 1970. Yo por entonces tenía tan sólo 48 años. Estuvimos juntos durante 22 años. Fue mi mejor amigo.

Después de fallecer me sumergí en el trabajo y levanté varias filiales nuevas de la empresa. Llegué a tener a mi cargo la administración de cuatro grandes casas. A partir de los 56 años comencé a dejar el trabajo en manos de otras personas para quedarme con una sola de las empresas.

Posdata (1.985, escrita con 63 años)

Aún dirijo esta empresa. Por fin he aprendido a dar más autonomía a otras personas. Me encanta el contacto con los clientes. Por la tarde vuelvo a mi casa, en la que vivo sola. Me siento algo vaga y demasiado "establecida". No quiero sentirme inútil y me gustaría encontrar una tarea nueva. No he tenido vacaciones en muchos años. Me gustaría viajar de nuevo a Portugal y a Suiza.

Estas vacaciones no llegaron hasta varios años más tarde, y treinta años después de su estancia en Suiza, la Sra. L volvió a Arlesheim para visitar la clínica y el Goetheanum, dedicándose sobre todo a estudiar la talla en madera del "representante de la humanidad" de Rudolf Steiner. En el viaje de vuelta, atravesando Portugal, volvió a visitar la casa en la que había nacido. Después de regresar a Brasil decidió vender la última de sus empresas. Después de todo, había estado trabajando durante 28 años sin interrupción, desde 1960 hasta 1988. El negocio de sus padres fue entregado a un sobrino.

Datos principales de la Biografía:

2 años:	Primeros recuerdos (vivencia espiritual)
3 años:	El padre se traslada a Brasil
4 años:	Ella misma llega a Brasil - Pérdida de dos hermanas.
5 años:	Vuelta a Portugal.
11 años:	Paratíficas.
12 años:	De vuelta a São Paulo, Brasil.
14 arios:	Formación como secretaria.
16 años:	Comienza a trabajar.
18 años:	Viaje a Portugal, visita los lugares de su infancia.
25 años:	Conoce a su futuro marido.
28 años:	Boda, muerte del padre.
31 ½ años:	Infección intestinal - vivencia suprasensorial.
32 años:	Enfermedad del marido.
36 años:	Nuevo inciso - conoce Antroposofía en Arlesheim.
37 años:	Viaje a Aveiro, Portugal.
43 años:	Su madre va a vivir a su casa.
48 años:	Muerte del marido - fundación de las empresas.
56 años:	Cesión paulatina de los negocios, de los que mantiene sólo uno (sin vacaciones).
63 años:	Intenso trabajo en su empresa (sin vacaciones).
66 años:	Viaje al Goetheanum, a la Clínica Ita Wegman y a Portugal. Decisión de vender el último de sus negocios (entrega a un sobrino).

Este relato podría calificarse como una biografía sin mucho dramatismo. ¿Por qué la hemos seleccionado entonces? Porque hemos podido seguir el camino de la Sra.L. durante años como paciente nuestra y porque ella durante años ha tenido oportunidad de trabajar en su biografía. Algunas de las leyes más típicas pueden observarse en esta biografía. Examinemos las leyes de los tres primeros septenios:

El espacio vital de la Sra.L. se amplía cada vez más. El hogar, el colegio y la vida (la profesión) constituyen tres pasos mediante los que la adolescente se va desarrollando cada vez más. Debido a las burlas de los niños que la hacen sentirse "diferente" a los doce años se vuelve tímida y se encierra en si misma. Con 16 años, la Sra.L. comienza a trabajar y da la impresión de que aquí nace su leitmotiv, el comercio. A pesar de ello se siente infeliz y vacía.

Con 28 años pierde a su padre y se casa: lo antiguo se queda atrás, algo nuevo comienza. Después de tres años y medio o cuatro, la unión con su compañero le plantea una nueva tarea: cuidar de un enfermo durante 15 años, lo que le brinda la oportunidad de alcanzar una visión espiritual del mundo y purificar su ser en la entrega y el amor.

Es después de la muerte de su marido cuando la Sra.L. retoma su leitmotiv, el comercio. Sus negocios se amplían en el transcurso de siete años (desde los 49 hasta los 56 años) hasta alcanzar las dimensiones de cuatro grandes centros de venta, para ir retirándose paulatinamente del trabajo tras cumplir los 56 años. Durante otros siete años sigue encargándose de la única empresa que le queda. En la biografía de la Sra.L. también nos llama la atención los incisos que representan los nodos lunares. (Cada 18 años y medio se repite un nodo lunar en la biografía humana: hablaremos de este ritmo en el capítulo "Ritmos y simetrías"). En estos momentos, la Sra.L. siente un fuerte impulso de visitar su patria, la casa de los abuelos, el lugar de su infancia. Lo mismo sucede tanto a los 18 como a los 37 años. También a los 56 años surge este deseo, que sin embargo no se materializa hasta los 66 años.

En la vida de la Sra.L. además podemos constatar un ritmo de Saturno (Un inciso o una repetición después de cada 30 años). Después de 30 años vuelve a acudir al lugar de su hogar espiritual, la Clínica Ita Wegman y el Goetheanum.

1.2 *Biografía* 2

Entre doce hermanos, yo ocupaba el séptimo lugar. Mi padre era indio y mi madre portuguesa. Yo vivía con mi abuela en una pequeña choza india detrás de la casa familiar. Mi abuela y yo íbamos al bosque todos los días para recoger hierbas y frutas comestibles, y sobre todo, para buscar plantas de tabaco. Yo tenía que torcer el hilo que mi abuela utilizaba para su telar. Cuando el tabaco maduraba, se recogían las hojas. Yo debía enrollarlas y mi abuela hacía con ellas grandes rulos negros. El tabaco se utilizaba para fines curativos, pero también para la pipa de mi abuela. Ella era curandera; muchos indios acudían a ella para recibir consejo y hierbas medicinales para sus dolencias. Todos los pacientes eran tratados con un conjuro. Así pronto me familiaricé con las hierbas medicinales y con los conjuros para cada tipo de lesión. La abuela me había nombrado su sucesora, aunque no era su nieta más querida. Amaba sobre todo a una de mis hermanas de tez más clara, a la que a veces cogía sobre su regazo para acariciarla. Sin embargo, mi hermana no podía entrar en casa de la abuela; yo era la elegida para ocupar su lugar como curandera.

Cada noche espiaba por entre las rendijas de la "oca" (la casa india), a la que acudían los indios para celebrar el ritual nocturno con sus cánticos. Nadie podía asistir. El resto de la familia tenía que esconderse dentro de la casa. Con seis años aprendí por mi misma a leer y a escribir, y mi padre me enseñó cálculo y otras artes.

Cuando tenía nueve años, una tarde llegó mi abuela del bosque. Estaba cansada y se tumbó en la hamaca. Hizo llamar a su hijo y le dijo que era el momento de morir. No quiso recibir los sacramentos. Después de su muerte, la capilla ardiente se instaló en la casa principal. Después del entierro, sucedió lo inesperado. Mi padre prendió fuego a su choza. Todo se quemó y sólo quedó un montoncito de cenizas. ¿Qué iba a ser de mí ahora?

Desde ese momento, mi familia empobreció cada vez más. Mi padre se compraba ropa nueva y se paseaba por la ciudad con otras mujeres. Como yo conocía las raíces y frutos del bosque, tenía que encargarme de alimentar a toda la familia.

Mi padre se metió en política. El gobierno cambió y fue perseguido. Yo tenía que acompañarle a fin de protegerle. En un bolsito tejido por mi abuela escondía su revolver. Cuando cumplí once años, me dio una pequeña pistola con empuñadura de nácar blanco. Enseguida practiqué el tiro al blanco. La familia, que ahora se dedicaba a la cría de pollos, tuvo que soportar como un pollo tras otro me servía de diana, hasta que mi madre se enfadó porque tenía que guisar los pollos en lugar de venderlos. A pesar de todo le hacía un buen servicio y conseguía venderlos para beneficio de la familia. Me gustaba ayudar y tenía muchas ganas de aprender. Ayudé a enseñar a los campesinos de la región a leer y a escribir. Cuando fui escolarizada, me salté los tres primeros cursos y siempre fui la mejor de la clase. No tenía amistades. Le pedí a mi padre que me dejara ir a la escuela secundaria. Tuve que pasar un examen muy difícil y aprobé. Fui la primera mujer de mi familia que tuvo la oportunidad de poder estudiar. También en el instituto fui la mejor. Ganaba el dinero para mi manutención trabajando en el comedor escolar y dando clases particulares a muchos niños. También seguía dando clases de alfabetización a los campesinos.

Un día, algunas personas de más edad se fijaron en mí y me entregaron libros misteriosos. Eran libros del 'gran hermano'. Todas aquellas ideas me sorprendieron. Poco a poco les hablé a los campesinos de esas ideas. Hablaba en la radio y fundé un periódico. Me hice cada vez más popular en todo el país, hasta que un día el régimen militar se fijó en mi. Les hubiera gustado deshacerse de mí; y aunque huí y me escondí, mi padre, que era muy ingenuo, les informó de mi escondite. Estuve en prisión durante un año: desde los 17 a los 18 años. Cuando fui puesta en libertad, viajé a una ciudad extranjera. Allí colaboré con los religiosos para enseñar a los campesinos a leer y a escribir. Les era muy difícil coger el lápiz con sus toscas y ásperas manos y yo se las untaba con manteca de cerdo para que se suavizaran. Finalmente aprendieron a escribir su nombre y sus consciencias se agudizaron con respecto a las cosas que sucedían en el mundo. Las ideas del "gran hermano" se me hicieron demasiado cerradas. Por aquel entonces se estaba formando un movimiento guerrillero. Se construyó para ellos una pista que se adentraba mucho en Paraguay. A lo largo del recorrido existían muchas granjas que ofrecían protección a la Guerrilla. Yo colaboraba con ahínco en ese proyecto, hasta que con 19 años de nuevo fui llevada a prisión. En esta ocasión me cayeron dos años, los cuales fueron más duros que la vez anterior. Me impuse un juramento de mutismo. Conseguí no hacer ninguna declaración sobre mis compañeros, aún siendo torturada duramente. Mi piel se cubrió de manchas y llagas que no querían curarse. A pesar de los múltiples tratamientos se produjeron accesos de fiebre y trastornos reumáticos. Fui herida en la pierna; perdí tanta sangre que tuve que ser ingresada en un hospital. Aunque se me hizo una exploración muy exhaustiva, no se me diagnosticó ninguna enfermedad. Después de una estancia hospitalaria de seis meses conseguí huir. Tenía tan sólo 21 años. Huí a través de varios países latinoamericanos, hasta que en uno de esos países finalmente conocí a mi compañero de vida.

Me casé y fui muy feliz. Mi marido ya traía un hijo al matrimonio. Pronto quedé embarazada y di a luz un niño muy hermoso. Era una madre radiante de felicidad. Sin embargo, dos años antes se me había diagnosticado una enfermedad: Lupus. En los años siguientes se manifestó de vez en cuando pero sin causarme demasiadas molestias. Me seguía gustando impartir clases. En uno de los países latinoamericanos retomé mis estudios y me gradué en sociología. Pero mi vida se volvía cada vez más peligrosa y ya no era suficiente ocultarse en Sudamérica. Huí a Europa, donde me instalé en tres países distintos. Seguía dando clases y comencé a trabajar en una editorial. Mi vida transcurría satisfactoriamente, pero crecía la añoranza de mi patria. Un día me mostraron una película en la que aparecía en el aeropuerto despidiendo a los niños que viajaban a Brasil. Esta película lacrimosa me fue proyectada intencionadamente, pero no lo consentí. Por primera vez me rebelé y me negué a seguir viendo la película. De nuevo era dueña de mi misma. En esa época en Brasil salió una ley de exiliados por la que todos, incluida yo, pudimos volver a nuestra patria. Mi familia me recibió con mucho cariño. Contaba sólo 28 años.

En mi patria todo era nuevo para mi. Personas nuevas, intentos de comprender el país. Otra dificultad añadida era que mi marido no encontraba trabajo. Necesitó algún tiempo para adaptarse a la nueva situación. Yo empecé a dar clases y ganaba el dinero para la familia. Después de un tiempo, mi marido empezó a comportarse de un modo cada vez más extraño. Era exiliado, lo que atraía a las mujeres. Un día trajo a casa a una belleza de tacones altos. Pretendía que conviviéramos los tres. Yo no se lo consentí y me fui con los dos niños. Estaba profundamente deprimida e infeliz. Seguía amándole y después de todo lo que habíamos pasado juntos no lograba entender que se fuera con la primera mujer que se le cruzaba en el camino, dejando plantada a su propia esposa.

Cuando me separé de él tenía unos 30 años. Tardé dos años en recuperar mi equilibrio interior. Entonces volví a trabajar con satisfacción. También comencé a trabajar en la industria cinematográfica y en publicidad. Además preparaba riquísimos dulces brasileños que una amiga vendía por mí. Así ganaba el sustento para mí y los niños.

Tenía casi 35 años cuando volví a enamorarme locamente. Sin embargo, este amor era irrealizable. Me había quedado embarazada pero perdí el bebé a los tres meses. En esta época, mi marido se llevó a los niños con él. Entré en la mayor crisis de mi vida. Me encontraba sola, sin los niños y sentía un vacío cada vez mayor, además de un gran anhelo de algo diferente.

Le había dado la espalda a la política definitivamente. Poco a poco sentí como un nuevo germen brotaba en mi interior. Empecé a buscar lo espiritual que mi abuela había sembrado en mi interior: una verdad espiritual para encontrarse a si misma. Mis hijos volvieron conmigo y la casa se llenó de vida nueva. También en este tiempo, hacia los 38 años, conocí a un nuevo compañero. Eramos dos almas y un corazón y nos complementábamos a la perfección. Así la niña Tanga se ha convertido en una mujer madura que a sus 39 años toma conscientemente las riendas de su vida en busca de nuevos valores. Comprende la gravedad de su enfermedad intentando superarla con ayuda de sus nuevos valores espirituales.

¿Qué se manifiesta en esta biografía? Vemos a una niña que es tratada como una adulta, que desde pequeña tiene que asumir grandes responsabilidades; que no convive con su familia y sus hermanos, sino que vive alejada en compañía de su abuela que la necesita y que quiere legarle sus dones y responsabilidades.

A los nueve años, Tanga sufre la quema de su hogar después de la muerte de su abuela y comienza una vida completamente distinta. Es cargada con responsabilidades aún mayores. De nuevo se aprovechan de ella, en esta ocasión es su padre y más adelante serán los políticos. Siempre está a su disposición. Durante la pubertad vive experiencias muy duras mientras está en prisión. Hasta cierto punto su inocencia la protege en estas situaciones. Aún así contrae una grave enfermedad.

Seguidamente la paciente atraviesa una fase de grandes decepciones anímicas. Finalmente, a los 37 años, vuelve a encontrarse a si misma y consigue hallar también un vínculo espiritual interior.

En los siguientes capítulos aprenderemos a comprender mejor algunos aspectos que aparecen en esta biografía.

2
El desarrollo hasta los 21 años:
"El devenir del hombre"
Preparación para la vida

Los primeros años del desarrollo hasta el momento de la mayoría de edad, o sea, hasta los 21 años aproximadamente, determinan toda la vida del hombre. El hombre nace en una determinada familia, en un determinado país y aprende en primer lugar la lengua de su entorno. El hecho de ser hijo único o de tener hermanos más adelante será de gran importancia para su desarrollo individual y social. Hay una serie de factores internos y externos que van formando al hombre. Estos factores internos están por así decirlo dentro del hombre: uno de estos factores es por ejemplo la complexión física: determina que la persona sea alta y delgada o baja y rellena. No obstante, estos factores están ligados a la herencia de los padres. Entre los factores inherentes al hombre "desde la cuna" se encuentran el temperamento y las influencias zodiacales y de los planetas. Hablaremos de ello más adelante.

En todo el primer septenio la individualidad del hombre tiene la función de ir transformando el cuerpo.
Por ejemplo, ¿quién de nosotros no ha sentido la necesidad de remodelar su casa o su habitación al volver de un viaje que le ha hecho experimentar cambios internos? Otro ejemplo: encargamos a un arquitecto la construcción de nuestra casa, y poco antes de terminarla hacemos las

modificaciones necesarias para amueblarla de acuerdo con nuestros gustos y necesidades. La individualidad humana desarrolla una función semejante. Ella es de naturaleza espiritual y viene a la Tierra para modificar el cuerpo físico que está acuñado por las fuerzas heredadas del padre y de la madre. Gracias a la Antroposofía sabemos que este proceso de modificación se ve favorecido por las enfermedades infantiles que se presentan en los primeros años de vida. En el primer septenio se renuevan todas las sustancias y cada célula adquiere su carácter individual. La caída paulatina de las células más duras de nuestro cuerpo, nuestros dientes de leche, es señal de que este proceso de transformación ha concluido. Los dientes definitivos tienen un carácter totalmente individual, y los dentistas son capaces de reconocer a cada uno de sus pacientes por la forma de su dentadura.

El despertar espiritual del cuerpo durante el primer septenio se lleva a cabo a través de las impresiones sensoriales externas. Por ejemplo: ¿Cómo reaccionamos si nos echan agua fría? Nos asustamos y nos retiramos hacia nuestro interior. Si por lo contrario tomamos un baño de agua caliente, estamos a gusto y nos estiramos relajados. Lo mismo ocurre con la individualidad del niño. Cuando las impresiones sensoriales recibidas son buenas y agradables, se sentirá a gusto en su cuerpo y se expandirá. Pero si estas impresiones son desagradables a modo de un baño frío, la individualidad se retira del cuerpo y la remodelación del cuerpo humano se queda incompleta. A menudo, este hecho no se manifiesta hasta mucho más adelante.

Durante el primer septenio, el hombre aprende a través de la imitación y la actitud adoptada por los adultos que rodean al niño es de vital importancia. En este período recibe la base para su conducta moral en la edad adulta.

Rudolf Steiner ha hablado del significado del primer septenio en muchos cursos y conferencias pedagógicas. Explica gráficamente cómo en esta fase el niño llega a percibir tanto a través de sus impresiones sensoriales como a través de la conducta moral de los adultos que se refleja en él: ¡el mundo es bueno!

¿Qué necesita el niño para su desarrollo anímico durante el primer septenio? Una asistente de mis cursos lo ha expresado de la siguiente manera: necesita un nido. Y ¿qué ofrece un nido? Calor, abrigo, protección, un horario de comidas y sueño y, sobre todo, amor. Todas estas condiciones deberían procurarlas la familia o los padres durante ese primer septenio, puesto que el niño depende por completo de su entorno. Es maravilloso observar como el niño va ampliando sus límites poco a poco. Primero vive en el claustro materno, después en la cuna, luego en la habitación, finalmente gatea escaleras abajo y conquista la casa, luego el jardín, poco a poco la calle y con el tiempo el pueblo entero, si se trata de una localidad pequeña. El pequeño mundo protegido del niño se ha ampliado: podría decirse que ha dado pasos hacia la libertad, un hecho que se repetirá una y otra vez a lo largo de la vida.

Las tres facultades básicas del hombre —el andar, el hablar y el pensar— se desarrollan a través de la imitación, y por así decirlo, el hombre durante los tres primeros años de vida recibe sus cualidades más destacadas como un regalo de los dioses. Cuando nos rompemos una pierna y no podemos andar o nos quedamos afónicos y sin habla, o si por alguna razón nuestra capacidad para pensar, nuestra consciencia, está mermada, nos damos cuenta de lo importantes que son estas capacidades y lo que puede significar para una persona a la que la naturaleza haya negado alguna de ellas. Todas ellas las recibimos como regalo incluso antes de que nuestra consciencia humana despierte a la percepción. De esta forma conquistamos el tiempo, el espacio y la eternidad. También podría decirse: aprendemos a movernos: en el espacio, en el trato con otras personas y en el mundo de las ideas. Cristo dice: "yo soy el camino, la verdad y la vida."

Inmediatamente después de esta primera fase, alrededor de los tres años, se presenta la primera vivencia del Yo. El sistema nervioso- sensorial está maduro y la individualidad humana puede utilizarlo como instrumento. El niño en su interior se separa del mundo y se percibe como Yo. Ya no dice "Juanito quiere" sino "yo quiero". Ahora comienza la conocida fase de la oposición. (Si en la edad adulta decimos a todo que no, también existirá alguna relación con la necesidad de autoafirmación.)

Desde el momento de la primera vivencia del Yo, el hombre adquiere la capacidad del recuerdo. Lo primero que recuerda de su propia biografía suele ser determinante para su destino. Cuando trabajamos en nuestra propia biografía, es de suma importancia que tratemos de recuperar este primer recuerdo. Hoy día por otro lado ya existen técnicas con las que se pretende localizar el recuerdo de la vida prenatal y de encarnaciones anteriores. Pero no es esto lo que nos ocupa aquí. Examinamos nuestra consciencia cotidiana. Y en ella ya es una excepción que alguien sea capaz de recordar el tiempo en que su madre lo paseaba en brazos siendo un lactante.

De las descripciones de la biografía anterior se desprende que el entorno, la naturaleza y sobre todo el hogar familiar son muy importantes para el niño.

También los hermanos ya exigen una conducta interpersonal. A menudo surgen situaciones de rivalidad y envidia y además hay que aprender a compartir. En la primera biografía queda patente que la paciente fue la tercera hija de la familia. Recomiendo como lectura relacionada con este tema el libro de Karl König: "Hermanos y hermanas"; el autor describe el papel típico de un tercer hijo. Siempre tiene la sensación de que ha recibido menos que los demás. Esta observación puede comprobarse también en las biografías 3 y 5.

¿Qué hay de los primeros recuerdos en las biografías citadas? En la primera de ellas es muy significativa la experiencia del mundo espiritual. La visión de la virgen fue decisiva para toda la vida de la paciente. ¡Qué diferente fue en cambio la infancia de la niña Tanga plasmada en la segunda biografía! En ella no queda reflejado el primer recuerdo.

¿Qué hay de la experiencia de la confianza en este septenio? El niño viene al mundo con una confianza completamente pura y natural. Cuando ha subido a un árbol muy alto y no sabe bajar, llama a su padre y a su madre y salta a sus brazos lleno de confianza. ¿Cuándo en la vida volvemos a tener esa confianza en alguien para entregarnos sin límites a otro adulto? La confianza es una de las actitudes fundamentales del niño. Es en cierto sentido innata. ¡Pero qué pronto se pierde esa confianza en la vida! Tal vez el niño se despierte a medianoche y sus padres hayan ido al cine y la persona encargada de su cuidado lo asusta diciendo: "si no quieres dormir vendrá el hombre del saco y te llevará". Otro ejemplo: Juanito se ha vestido para ir al circo con su madre y antes de darse cuenta se encuentra en la silla del dentista. Y otro suceso que me comentó un paciente durante uno de mis cursos: de niño no le gustaba ir a cortarse el pelo; cada vez que tenía que ir a la peluquería, el peluquero le contaba una larga historia de un avión que estaba construyendo para el niño y que ambos volarían en él cuando estuviera terminado. El asunto se prolongó durante varios años hasta que un día, cuando el pequeño contaba unos seis años, alguien le dijo: "Escucha, ese avión no existe". Fue una decepción tan grande para el niño que no pudo olvidar el suceso durante el resto de su vida. En cierto modo ha sido esta vivencia la que ha hecho entrar la desconfianza en su vida. Durante mucho tiempo no pudo superarlo.

Cuando después del primer septenio el cuerpo ha finalizado su metamorfosis, se liberan fuerzas vitales que antes estaban dedicadas al proceso de transformación. El niño es receptivo y está maduro para ir al colegio. Puede utilizar estas fuerzas para adquirir conocimientos. Si es escolarizado demasiado pronto, pueden surgir graves consecuencias negativas. Estas no se hacen evidentes en el septenio siguiente, sino por regla general más adelante en la vida, en la fase entre los 56 y los 63 años. Es entonces cuando estas fuerzas son nuevamente liberadas del sistema nervioso y sensorial. Resumiendo, podemos decir que el primer septenio es decisivo para la salud física que la persona disfrutará a lo largo de su vida.

En el segundo septenio maduran los órganos respiratorios, el corazón y el sistema circulatorio. Estos órganos son la sede de nuestros sentimientos que nos capacitan para distinguir entre antipatía y simpatía, entre bueno y malo, entre bello y feo. También es la fase que en nuestra vida posterior se refleja en nuestra relación con los demás y sobre todo en nuestra relación con el mundo. Podemos decir que en esta fase aprendemos la inspiración y la espiración. Pero esto no sólo atañe a los órganos respiratorios como tales, sino a toda nuestra relación con el mundo que nos rodea. Ya no nos sentimos abrazados por la naturaleza formando una unidad con ella, ahora desarrollamos una rica vida interior con una fantasía cada vez más amplia. En nuestra fantasía infantil vivimos por así decirlo una dramatización de la vida: en una ocasión somos la princesa, en otra la esclava, después somos el héroe o el ladrón. Nuestra alma comienza a brillar con muchos colores y nuestro mundo interior está en constante correlación con el mundo externo.

En esta fase de la vida, el niño ya sólo en parte aprende por imitación. Sin embargo necesita al adulto, al que considera una autoridad y al que percibe como tal. En parte aún pueden ser los padres, pero también lo son los maestros en la escuela. Entre los 7 y los 14 años es en el colegio donde el niño pasa más tiempo. El maestro o la maestra ocupan un lugar privilegiado en su vida. El maestro es por así decirlo el mediador entre el mundo y el niño. Tanto lo que le transmite como su visión del mundo tienen una gran repercusión sobre el desarrollo y el nivel de instrucción en su vida futura. El hecho de que el maestro esté convencido de que el hombre desciende del mono o que se trata de un ser divino con cuerpo, alma y espíritu originan en el joven ser humano, que se encuentra en su segundo septenio, diferencias radicales en su visión del mundo. El que desde mi punto de vista una flor sólo conste de pistilos y pétalos, etcétera o que este milagro florido que nos regala la naturaleza tenga además la misión de alegrarnos la vida a los humanos, tendrá un efecto determinante sobre mi futura actitud frente a la vida. El mundo afectivo del niño debe ser tenido en cuenta en la educación y en clase. Existe numerosa bibliografía acerca de estas consideraciones y sobre la pedagogía Waldorf que sin embargo aquí no podemos tratar en detalle. Cuando la persona recibe una educación marcadamente autoritaria tanto en su casa como en la escuela es como si estuviera siempre inspirando. Sin embargo tiene mucha dificultad para espirar. Existe el peligro de que se convierta en una persona introvertida. Más adelante le costará un gran esfuerzo llegar a ser más abierto. Cuando por lo contrario la educación adolece de la suficiente autoridad, la persona, por así decirlo, está constantemente exhalando. En su futura vida desarrolla poca interioridad, no es capaz de estar consigo misma y está completamente entregada al mundo que le rodea. Es necesario encontrar la justa medida entre la inspiración y la espiración, entre la introversión y la extroversión. La mejor manera de conseguir esta meta en la educación es encontrar una combinación de autoridad y amor.

Desde siempre el ritmo es fuente de fuerza vital, teniendo un efecto sanador. En nuestros días, sin embargo, muchos adultos carecen de un ritmo diario, semanal, mensual y anual. Constantemente se quejan de estar cansados. Cada vez con mayor frecuencia se presentan perturbaciones del sueño, del ritmo digestivo, del ritmo cardíaco, asma, etc. ¿Tendrán su origen en el segundo septenio? Un papel de suma importancia en la formación de nuestros sentimientos lo ocupan el arte y la religiosidad. Como resumía Rudolf Steiner en sus conferencias, es en esta fase cuando hay que despertar en el hombre el elemento de la belleza.

Durante el segundo septenio también nos marca la conducta de las personas que nos rodean. Muchas normas de conducta se convierten en normas de vida para el individuo. Expresiones como: "Eres un patoso", o "Eres la oveja negra de la familia", o "No sirve para nada mandarte a la escuela, nunca aprenderás, eres tonto" tienen profundas repercusiones y nos llegan al alma. También interiorizamos las costumbres que vemos en las personas que nos educan. En este septenio se forman nuestras propias costumbres: si nos lavamos los dientes después de comer, si tomamos mucha ensalada, etc. Y qué difícil resulta en la vida adulta abandonar una mala costumbre o norma interiorizada.

Veamos algunas de estas normas a modo de ejemplo:

"No debes llorar, debes ser fuerte". ¿Qué significa para la futura vida sentimental de un hombre que en su segundo septenio se le haya impuesto esta norma de conducta?

O también:

"No debes jugar con chicos".

"No debes estudiar una carrera, sólo los chicos estudian".

¿Cómo una mujer que ha crecido con esta norma desde su infancia puede ejercer más adelante una profesión o alimentar a su familia después de enviudar o de separarse?

Alrededor de los nueve años se lleva a cabo un cambio profundo. Nos retiramos más hacia nuestro interior. De pronto se descubre que los propios sentimientos son distintos de los de la hermana; o descubrimos afectivamente a la familia vecina; nos damos cuenta de haber nacido en una familia pobre y que otros son más ricos; descubrimos que los padres de una amiga la tratan con más cariño del que nos dan nuestros padres; o me doy cuenta de que mi hermano odia al gato que yo adoro. Podría citarse un sinfín de ejemplos. Se puede decir que se despierta nuestra propia vida afectiva. Experimentamos una segunda vivencia del Yo. Es muy importante que la vida afectiva encuentre un suelo fértil en el que pueda expandirse. Este suelo fértil puede encontrarse en el arte o en la religiosidad, pero sobre todo en la autoridad cariñosa que recibimos de nuestros padres y maestros. Los maestros son de gran importancia para nuestra formación. Más adelante en la vida por lo general sólo suelen interesarnos las asignaturas impartidas por maestros queridos y admirados.

En este segundo septenio se empieza a encontrar la relación entre el "Yo" y el "Tú". Los juegos con compañeros son esenciales en la escuela. Esta fase es decisiva para nuestro desarrollo y maduración física, esencial para el período entre los 21 y los 42 años y para nuestra capacidad de relación interpersonal en genera. A través de la relación entre las personas, nosotros claramente creceremos en nuestra vida anímica.

En la biografía 1 vemos que en el segundo septenio, a la edad de 11 años, se produce una profunda ruptura en la vida de la niña: el traslado de Portugal a Brasil y la incapacidad —sobre todo por el acento al hablar— de adaptarse a su nuevo entorno escolar. A través del rechazo por parte de sus compañeros desarrolla una marcada introversión. Es obvio que la niña no fue capaz de hacer frente a las exigencias que se le presentaban desde el exterior.

La niña Tanga de la biografía 2 crece en circunstancias completamente distintas. También ella a los nueve años de edad atraviesa un profundo cambio originado por la muerte de su abuela. Todo su pasado queda anulado de golpe y nuevos valores gobiernan su vida.

Ahora llegamos a la edad de 14 años. Ya a los 11 ó 12 años comienza la prepubertad y va avanzando hasta los 14 años. El crecimiento físico del joven individuo es importante en estos años. El comienzo de la prepubertad varia de una persona a otra. El paso a esta fase de la vida es mucho más difícil de asimilar que el que se produce alrededor de los 7 años. En la transición del primero al segundo septenio hay niños que no quieren ir al colegio, pero que consiguen superar su rechazo con la ayuda de un buen maestro. Con el comienzo del 14º año de vida, sin embargo, se presenta una profunda fisura. Es como si cayéramos a la tierra desde la esfera del paraíso. Casi podríamos compararlo con el pecado original. También comienza a hacerse patente la diferente actitud anímica masculina y femenina. Podemos decir que el hombre se une más a la tierra y la mujer se mantiene algo más cósmica. Esta diferencia también viene a caracterizar el desarrollo del hombre y de la mujer en los años siguientes. En algunas biografías encontramos un primer intento de suicidio coincidente con esta fase. Podría decirse que el joven individuo está ante una vivencia del umbral: o encuentra el camino a la tierra y consigue hacer algo útil en ella o rehuye este mundo volviendo al mundo espiritual. A menudo sucede que el joven, digamos una chica de unos 12 años, se sirve de los métodos más variados —antes podía ser el juego con muñecas, ahora en el peor de los casos la droga— para no unirse a la tierra y permanecer en el mundo infantil, repleto de las fantasías e ilusiones de los no adultos.

Los órganos que ahora se desarrollan son los del bajo vientre, sobre todo los órganos sexuales, los músculos y el sistema de extremidades. Toda la musculatura del hombre ahora va adquiriendo firmeza. Son los órganos con los que de alguna manera cambiaremos el mundo. Con los órganos digestivos transformamos las sustancias del entorno, construyendo con ellas la sustancia humana. También aquí se trata de trabajo muscular. Con nuestras extremidades transformamos el mundo exterior y construimos por así decir un nuevo mundo. Son los órganos de la creatividad. Con nuestros órganos sexuales somos capaces de traer un nuevo ser humano a la vida terrenal.

El joven individuo estará dividido entre dos fuerzas opuestas. Por un lado despierta dentro de él, de forma muy patente, la imagen ideal del hombre. Esta imagen nunca más se verá con tanta claridad como durante la adolescencia. Por otro lado el despertar de las instintos sexuales libera grandes fuerzas en el ámbito biológico. Estas dos fuerzas trabajan en el joven individuo de manera opuesta y se ve tironeado de un lado al otro. Es como si su alma permaneciera expectante en medio de ambas. El descontento acerca del mundo y la vida se adueña de él, lo que puede manifestarse en forma de actos de rebeldía. Durante este período, el joven a menudo está encerrado en sí mismo buscando la respuesta a preguntas como: ¿Quién soy? ¿Para qué estoy aquí en este mundo? No se siente comprendido por sus padres, ni se encuentra a gusto con sus maestros. Cree que puede hallar las respuestas a sus preguntas en el mundo exterior y acoge ciertos "ismos", desde el marxismo hasta el budismo.

Quien se siente aislado busca el contacto con los semejantes. Sin embargo, esta búsqueda de acercamiento se manifiesta en el joven como una profunda crítica hacía su entorno. Es como si estuviera encerrado en su interior, disparando sus flechas a diestra y siniestra, caigan donde caigan. Existe una gran fuerza interior y el deseo de transformar el mundo y el entorno, de introducir nuevas costumbres en la familia o de cambiar la sociedad entera. En esta fase, a menudo las tres cualidades del alma, que son el pensamiento, el sentimiento y la voluntad, están completamente dispersas. Algunos jóvenes se pierden en la reflexión, cavilando y filosofando. Otros se entregan por completo al sentimiento y a la fe, siendo un ejemplo de ello los distintos movimientos hippies. Algunas personas se vuelven agresivas y destructivas y no consiguen dominar su voluntad, a menudo esto desemboca en actos terroristas. No se consigue poner riendas al caballo salvaje que es la propia voluntad. Comienza la búsqueda de la verdad. Los padres y maestros sólo resistirán si consiguen ser genuinos. Cualquier relación que no funcione dentro de la familia es detectada y no tiene sentido simular lo que no es cierto. Tampoco se aceptan verdades académicas sacadas de los libros. Se intenta encontrar la verdad dentro de uno mismo, en los padres y en el mundo.

En este septenio ponemos las bases para nuestro desarrollo espiritual en la vida futura. A partir de los 14 años somos cada vez más responsables de nuestro destino. Cualquier encuentro en el ámbito humano tiene un profundo significado de destino que debe ser respetado y cuidado. Todo cuanto hacemos tendrá sus consecuencias. Ya no tiene mucho sentido obligar a los niños a estudiar. Si hasta entonces no han aprendido a hacerlo por ellos mismos, tendrán que cargar con las consecuencias. En la educación tiene que imperar el principio de libertad. Sin embargo, los pasos hacia la libertad se suceden lentamente. Podemos hablar de una libertad exterior que el joven conquista paso a paso. Según su capacidad para aceptar esta responsabilidad también disfrutará con ella. Podría decirse que los dos elementos que se ponen en la balanza son la libertad y la responsabilidad y deben estar en equilibrio. Al mismo tiempo es fundamental cuidar con especial dedicación el elemento más importante para la comprensión entre dos personas: el diálogo. Es posible la argumentación, no la prohibición. El joven individuo debe aprender a actuar según su propio criterio.

Otro elemento que merece ser mencionado es la libertad interior que a esta edad adquiere especial importancia. Cuanto más libre se sienta la persona dentro de su hogar, en su familia, menos necesidad sentirá de conquistar más libertades hacia el exterior. (Lo mismo puede afirmarse con respecto a la relación de pareja dentro del matrimonio) ¡Cuántas veces se repite la siguiente escena u otra similar!: un joven ya tiene su propia habitación y tal vez ya se encuentra estudiando una carrera; de pronto se ve sorprendido por la decisión de su hermana mayor de volver a la casa paterna con sus tres hijos tras su separación. Ahora tiene que ceder su habitación a su hermana. ¿Por qué él, precisamente? Las cosas son distintas si él decide dar este paso tras un diálogo previo con sus padres. Sin embargo, al verse obligado, interpreta el hecho como intromisión ilícita en su libertad personal. Más ejemplos: una joven recibe cartas que en lugar de llegar directamente a sus manos son abiertas previamente; o los padres encuentran el diario que ha permanecido sobre la mesa —los jóvenes en esta fase a menudo sienten la necesidad de confiarse a un diario— y descubren que su hija de quince o dieciséis años ya tiene relaciones sexuales con sus amigos. El diario es quemado y la joven tal vez reciba un duro castigo por parte de sus padres.

La relación de confianza no debe enturbiarse en esta fase. A veces los padres consiguen convertirse en amigos de sus hijos, con lo que se constituye la base para el diálogo y para la confianza recíproca. De no ser así, los jóvenes suelen acudir a un amigo o familiar de más edad, en resumen, a una persona con la que poder mantener una conversación de adulto a adulto. Forma parte del espacio de la libertad interna conseguir respetar a la otra persona cada vez más en sus manifestaciones personales. No podríamos llegar a hacernos adultos si se nos siguiera tratando como a niños. Ha llegado el momento en el que queremos salir al mundo y en el que muchos jóvenes empiezan a viajar y a buscar toda clase de aventuras. Se quiere probar y vivir de todo. Muchas cosas prohibidas se hacen a escondidas por la simple necesidad de ponerse a prueba, para encontrarse a si mismo. La pregunta ¿Quién soy? se hace extensiva a todos los ámbitos: a la religión, al sexo, a la profesión. Es difícil decidir cuales son los impulsos inherentes al individuo y cuales provienen de los padres. A menudo hace falta irse de casa para poder reconocerlo con mayor claridad y para encontrarse a uno mismo.

Llegamos a los 19 años. Con 18 años y siete meses en nuestra biografía atravesamos lo que se denomina el nodo lunar. Se repite la misma constelación de órbitas solar y lunar de nuestro nacimiento. Es un momento propicio para percibir con más claridad el camino de nuestro destino. (Más adelante volveremos sobre este tema). Es como si el cielo se abriera un poquito más y nos permitiera reconocer el papel que queremos desempeñar en este mundo en el terreno profesional. Podemos decir que se lleva a cabo el tercer nacimiento del Yo en el ámbito de la voluntad y la actividad. Sin embargo, en esta fase propicia para salir al mundo, para muchos jóvenes sucede todo lo contrario. Sobre todo en los países del sur, como es el caso de Brasil, las mujeres están sujetas a gran número de restricciones, lo que les impide un desarrollo pleno en el ámbito profesional. Este hecho queda patente en la biografía 2. El padre mantiene su derecho de mandar sobre su hija obligándola a ejercer una determinada profesión. Algunos jóvenes en esta fase consiguen llevar a cabo lo que denominamos la rebelión juvenil, otros por lo contrario se encierran en si mismos. Muchos padres albergan la esperanza de que el hijo continúe en la empresa familiar. Hoy, sin embargo, la elección de la profesión se lleva a cabo de un modo mucho más individualizado y en general es más difícil encontrar la propia trayectoria profesional. En ocasiones, la paciencia de los padres debe ejercitarse durante varios años antes de que los jóvenes encuentren su camino. Algunos comienzan a estudiar varias carreras distintas para luego abandonarlas hasta decidirse por una en concreto. En caso contrario nunca encontrarán su centro dentro del ámbito profesional.

Podemos afirmar que en esta fase se ponen las bases para el desarrollo espiritual de los años de madurez: autoeducación, búsqueda de valores ideales o valores en general. La búsqueda de la verdad y autenticidad ocupa un lugar de importancia. Consta de tres partes: una vertiente la ocupa la verdad científica, de gran importancia para el desarrollo en esta fase. Encontramos además las verdades psicológicas que interesan cada vez más a los jóvenes de nuestros días. Y para finalizar las verdades espirituales, para las que los jóvenes de hoy también están cada vez más sensibilizados. Sólo si de jóvenes hemos recibido una cantidad suficiente y equilibrada de verdades científicas, psicológicas y espirituales podremos decir que hemos puesto las bases para el desarrollo armonioso y para nuestra autoeducación en años posteriores. Esto puede afirmarse tanto para el desarrollo anímico en la mitad de la vida como para el desarrollo espiritual de los años de madurez.

En la biografía 1 la señora L. vuelve a Portugal en el decimonoveno año de su vida para de alguna manera echar un vistazo a su pasado. Tiene 18 años y se encuentra en el momento del nodo lunar. La luna se encuentra exactamente en la misma posición con respecto al zodíaco y a la órbita solar que en el instante de su nacimiento. La Señora L. en este preciso momento es capaz de vislumbrar su misión espiritual en la tierra. En cierto modo deja atrás el pasado para actuar en el mundo desde sí. En esta biografía se repite la visita a Portugal y con ello, deja atrás el pasado a los 37 años, o sea en el paso por el segundo nodo lunar. Y a los 56, en el tercer nodo lunar, la Señora L. se está retirando poco a poco de su vida activa y abandona paso a paso sus negocios.

En la biografía 2, Tanga ha salido victoriosa y consigue ser la primera niña de la familia que estudia una carrera:

se abre caminos nuevos con toda su energía. Luego se enreda en la política y es apartada de la sociedad durante tres años, encarcelada a la fuerza. ¿Será esta la causa principal de su enfermedad?

El primer septenio en el caso ideal nos lleva a la experiencia de "El mundo es bueno." Esta vivencia es decisiva para una percepción moral más profunda en nuestra vida. El segundo septenio, en caso de procurarnos la experiencia de "El mundo es bello", nos proporciona la base para nuestra percepción estética en la vida. Y si el tercer septenio en el caso ideal nos lleva a sentir: "El mundo es verdadero", nos educará para el sentido hacia la verdad y para la sana crítica en la vida. De esta forma el hombre lleva en su interior los principios humanos de la bondad, la belleza y la verdad.

Podríamos preguntarnos cuales serían las características inhumanas que surgirían cuando en la infancia y la juventud nos vemos expuestos a los polos opuestos: maldad, fealdad y falsedad. Sin embargo en cualquier biografía existe la posibilidad de arrojar luz sobre estas fases para integrarlas en la personalidad. Entonces se descubrirá que en un determinado septenio no sólo se han vivido cosas negativas. Esta visión es la que el psicoanálisis pone en un primer plano. Sin embargo hay que intentar descubrir los momentos de luz. Y sólo cuando el alma es capaz de vivenciar tanto la luz como la sombra pueden surgir sus colores. También vuelven a nuestra consciencia muchas emociones y recuerdos reprimidos que de esta forma podemos integrar en nuestra personalidad. De este modo es posible que a los cuarenta años ya no reaccionemos como lo hicimos a los diez años de edad.

A continuación un ejemplo que ilustra esta y la siguiente etapa de la vida. Un joven de 26 años le dice a su hermano de 18:

Siempre he tenido suerte en esta vida y ahora tengo la impresión de que me tengo que esforzar para mantener esta buena fortuna. Tú en tu vida siempre has tenido mala suerte; ha llegado el momento de que, siendo consciente de lo que te acarrea esa mala suerte, intentes evitarla.

Queda muy patente esa sensación de que hasta los 21 años, o al menos hasta los 18, las cosas se reciben como caídas del cielo o como un regalo. En algunas biografías cuesta más conseguirlas, en otras menos y por consiguiente se perciben como suerte. Pero cuando muchas cosas se han conseguido con dificultad, se crea la sensación de tener mala suerte. Después, sin embargo, a partir de los 21 años comienza un proceso de transformación. Se desarrolla una responsabilidad por los talentos y habilidades recibidos y se comienza a transformarlos conscientemente. Con 26 años ya se siente cierto peso en la vida y uno advierte que para continuar la vida es necesario un esfuerzo. Al muchacho de 18 años le muestra la posibilidad de modificar su destino dirigiéndolo hacia lo positivo.

Se empieza por cosas muy sencillas. Hay muchas más probabilidades de aprobar los exámenes cuando se ha hecho el esfuerzo de prepararlos que cuando no se ha hecho nada. A los 14 años surgen toda clase de caprichos y deseos y las emociones con fuerza empujan desde abajo, desde el metabolismo. Se origina una confrontación entre la imagen ideal del hombre, que en estos años se percibe con claridad, y los instintos sexuales y deseos que surgen desde el metabolismo. El joven se encuentra como desgarrado en esta lucha. Es el momento en el que comienza la autoeducación.

Recuerdo una situación de conflicto de un muchacho de 16 años que me decía: "Podría fumar y me apetecería probarlo. Pero cuando pienso en el esfuerzo tan grande que hay que hacer luego para quitarse el vicio, prefiero no empezar tan siquiera."

Muchas personas entre 21 y 28 años aún cargan con las consecuencias de las necedades cometidas en el septenio anterior. Ahora se impone un esfuerzo consciente para transformar esas consecuencias. Lo mismo ocurre en la vida profesional: En la edad entre los 14 y los 21 años se suele comenzar una profesión y en la fase entre los 21 y los 28 años esta alcanza su madurez gracias al esfuerzo realizado.

Los antiguos griegos se dedicaban al deporte de conducir carros. Una y otra vez intentaban dominar los caballos salvajes delante de sus carros. Con ello fortalecían su Yo de tal modo que éste era capaz de dominar a su vez los caballos salvajes en su interior. Hoy día muchos jóvenes practican algún tipo de deporte acuático, como por ejemplo la vela o el windsurf, donde hay que luchar contra las olas y el viento para seguir adelante. El alma del joven podría compararse al agua. En ocasiones ruge con fuerza —y es lo que reta a las fuerzas del Yo— y de la voluntad del joven. Se pone a prueba: ¿Cuánto tiempo permaneceré en pie en las bravas y efervescentes olas? Como los griegos en sus días, aún hoy es válido afirmar que a cierta edad deseamos dominar algo en sus formas externas. Más adelante nos llevará a dominarlo también desde dentro. Otro ejemplo: un instrumento musical también hay que saber dominarlo para poderle sacar sonidos armoniosos. Pero en la pubertad es necesario probar toda clase de disonancias. Por supuesto también hay muchas personas que se quedan atascadas en esta fase de su desarrollo.

En el próximo capítulo examinaremos las consecuencias de este tipo de desarrollo.

Yo no soy yo.
Soy éste,
que va a mi lado sin yo verlo;
que, a veces, voy a ver,
y que, a veces, olvido.
El que calla, sereno, cuando hablo,
el que perdona, dulce, cuando odio,
el que pasea por donde no estoy,
el que quedará en pie cuando yo muera.

Juan Ramón Jiménez (1958 - 1981)
(1881 - 1958)

2.1 Los 21 años

Los 21 años se viven de diversas formas. Para muchas personas es un momento de importantes crisis. Podemos caracterizarlas como crisis debidas al encuentro con uno mismo. La gran pregunta que ya había surgido en el septenio anterior es: ¿Quién soy yo?

Se producen muchas dudas y situaciones conflictivas "¿Soy el resultado de mis padres?" "¿He elegido mi profesión libremente o por influencias de ellos? Mi padre quería ser ingeniero pero no lo consiguió, y ahora yo debo empezar a estudiar la misma carrera. ¿Soy yo mismo quien lo desea o es el deseo de mi padre que se ha adueñado de mí?" "En el fondo estoy harto de los asuntos de la iglesia; no quiero seguir adelante con la religión de mis padres. En este momento no creo tan siquiera en Dios". "Durante años he tenido que asistir a una escuela Waldorf, puesto que mis padres son antropósofos; sin embargo no quiero saber nada de estas cosas y quiero seguir mi propio camino"."Ya me he cansado de los temas sobre ángeles y de ángeles de la guarda".

Todas estas manifestaciones desembocan en el encuentro con el Yo. Muchas personas abandonan su hogar en esta fase y les es más fácil encontrarse a sí mismos. Algunos aún no son capaces de dar este paso y se quedan en casa. También allí existen varias maneras de encontrar el propio Yo. Tal vez se esté trabajando durante el día y estudiando de noche o viceversa y se pasa la mayor parte del tiempo fuera de casa. Los padres se quejan diciendo que la casa parece una pensión. A estos padres se les podría decir: "Den gracias a que sea así, puesto que es el camino para encontrarse a sí mismo". Otras personas tienen una madre que insiste en que todo esté perfectamente recogido y ordenado. Por esta razón tratan de demostrar —inconscientemente— que lo consideran una tontería: "Seré un desastre en casa y dejaré todo tirado por ahí a propósito". La madre debe darse cuenta de que tiene que acabar con esa obsesión. Otro tal vez se encierre en su cuarto durante un año; no habla con nadie de la familia y en ocasiones hace que hasta le lleven la comida. Se molesta cuando le ignoran pero tampoco desea una afectuosa atención: "Haced el favor de dejarme en paz". Por supuesto que en esta fase pueden surgir graves desarreglos psíquicos, pero rebasaría el marco de este libro describirlos con más detalle.

Escuchemos en su lugar los comentarios de personas que han vivido esta fase del encuentro del Yo de forma positiva:

Cuando cumplí los 21 años sentí la necesidad de celebrar mi madurez. Les pedí a mis padres que me permitieran hacer un viaje y por primera vez me puse en camino sola. Hace 40 años aún no era corriente que una chica actuara de este modo.

Otra afirmación:

Cuando mi hijo pequeño tenía 20 años le pregunté qué tipo de cambios sentía en su interior. Me dijo: "Tengo la sensación de que una luz llega a mi interior. Lo que antes estaba oscuro poco a poco comienza a brillar."

Otra afirmación del mismo muchacho:

"¿Dónde se aloja la consciencia? Tengo la impresión de que se encuentra detrás de mi cabeza, que desde ahí surge una voz que es la consciencia".

3
La fase de los 21 a los 42 años: "Ser persona"
El desarrollo anímico

Muchos jóvenes a esta edad viajan por el mundo con sus mochilas, lo que refleja al mismo tiempo lo que en su interior sucede en el ámbito anímico. Nuestra mochila se ha ido llenando a lo largo de nuestra infancia. Ahora debemos cargar con ella. Pero antes de ponernos en camino es útil que paremos un momento para hacer una revisión de todo lo que contiene la mochila. Encontramos un montón de piedras. Todos nosotros alguna vez hemos visto una amatista, una ágata u otro tipo de drusa. Por fuera es gris y rugosa, pero cuando la partimos para ver su interior, somos testigos de un gran milagro. Ante nuestros ojos aparecen maravillosos cristales que reflejan la luz proyectada sobre ellos hacia todas las direcciones. Si tomamos uno sólo de estos pequeños cristales y lo pulimos, la cantidad de luz reflejada aumentará. ¿Acaso no ocurre lo mismo con nuestro desarrollo anímico? Juntamos nuestras piedras para abrirlas y pulir su interior, convirtiendo así nuestra alma en espejo de la luz de nuestro espíritu. En todos nuestros encuentros, desde los 21 hasta los 42 años y más allá, tenemos la oportunidad de encontrarnos a nosotros mismos y de pulir nuestras aristas a través de las otras personas. Despertar en la propia alma y pulirla es una de las tareas evolutivas en la fase del desarrollo anímico que, como hemos visto más arriba, se lleva a cabo entre los 21 y los 42 años.

¿Qué más encontramos en nuestra mochila? Hallamos herramientas para nuestro trabajo que hemos acumulado en la escuela, en la universidad y en casa. Hemos advertido la escasa utilidad de gran parte de estas herramientas. Lo mejor es dejarlas a un lado para que no molesten en la mochila. Otros instrumentos necesitan de un mejor afilado y pulido. También nos daremos cuenta de que nos faltan algunos útiles. Llega el momento de completar nuestra colección de herramientas. El gran esfuerzo que esto conlleva, lo tenemos que realizar sobre todo en la fase entre los 21 y los 28 años sin olvidar que las herramientas requerirán repasos, afilados y pulidos a lo largo de toda la vida.

¿Que más hay en nuestra mochila? En la mayoría de los casos, nuestros padres nos han puesto una merienda. Sin embargo, el alimento sólo nos durará cierto tiempo. Hoy forma parte de la madurez anímica el que tanto mujeres como hombres vivan independientes a partir de un determinado momento. La mejor preparación que pueden dar los padres a cualquiera de sus hijo es la encaminada a que de adulto sea capaz de alimentarse por sus propios medios. Podemos calificar esa educación como base para salir adelante en la vida. No tendrá importancia que la merienda se haya consumido después de un tiempo porque seremos capaces de reemplazarla una y otra vez.

¿Qué más encontramos en nuestra mochila? A veces metemos la mano y la sacamos manchada de algo fangoso, como de lodo. Retiramos la mano corriendo, pero: ¿no deberíamos tener el valor de mirar qué hay en la mochila y qué es lo que se nos pega tanto? Si, por supuesto, es el viejo barro que tenemos que limpiarnos ahora. Son las viejas normas que hemos recibido en la infancia durante el segundo septenio y que ahora nos influyen. Como ya describimos más arriba, algunos comentarios se escuchan con más frecuencia que el propio nombre: "No tiene sentido que estudies porque eres tonto", "tienes dos manos izquierdas", "los chicos no lloran". Cuánto tiempo tiene que pasar para que logre convencerme de que en realidad no soy demasiado tonto para aprender algo, que se trataba de una frase hecha que mis padres me asignaron pero que en realidad no tiene nada que ver conmigo. Aun así es necesario hacer desaparecer ese estigma; tal vez percibo que en el fondo manejo muy bien mis dos manos. Desde pequeño tuve el deseo de ser carpintero, pero con dos manos izquierdas no me era posible. Es ahora cuando me doy cuenta de que podría haber llegado a algo en la carpintería, que mis manos no son tan torpes como mis padres me hicieron creer en mi infancia. Llevo ya tiempo casado con una mujer cariñosa con la que tengo varios hijos. Algunas veces mi mujer se queja de que no muestro mis sentimientos. ¿Acaso es de extrañar? De niño no se me permitió llorar o mostrar mis sentimientos y ahora me cuesta mucho trabajo hacerlo.

El cuento de los Hermanos Grimm "El rey rana o el fiel Enrique" nos ayuda en la comprensión de lo que significa el desarrollo anímico en esta etapa. <u>Si no somos capaces de liberarnos de ciertas normas que nos fueron impuestas en el segundo septenio, quedaremos atrapados en ellas y no podremos seguir evolucionando.</u> En el cuento del rey rana, la princesa tiene que romper las normas de conducta de su padre. Tira la rana contra la pared y de esta manera puede manifestarse el verdadero ser del príncipe. En el camino hacia su casa, el príncipe exclama tres veces: "Enrique, el coche se rompe", sin embargo no es el coche, sino los aros de hierro que comprimen el corazón del sirviente desde que el príncipe había sido convertido en rana. Sólo cuando nos libramos de las normas y frases que nos fueron impuestas en nuestra infancia y que nos intimidan y nos encierran como en una estructura metálica, nuestra personalidad es capaz de seguir su desarrollo. Es una tarea difícil de autoeducación y forma parte del desarrollo anímico, sobre todo entre los 28 y los 35 años.

Vuelvo a meter la mano en la mochila. Noto que algunas cosas se me pegan como el alquitrán. No soy capaz de quitarme ese alquitrán. ¿De qué tipo de cosas se trata? Pues bien, mido 1,80 m ó 1,50 m ¿Acaso tiene sentido luchar contra ello? ¿No ha llegado el momento de aceptarlo y dejar de molestarme por ello? Tal vez mis padres me hayan puesto un nombre difícil; tampoco tiene sentido adoptar una actitud de rebeldía, en este caso. Tal vez mi temperamento sea muy melancólico o muy colérico. Puedo trabajar ciertos aspectos del temperamento, pero forman parte de mí igual que una nariz torcida. La tarea consiste en no luchar contra ello sino en aceptarlo como parte de mi persona. Debo dar un valor positivo a estos elementos para integrarlos en mi personalidad. Podría decirse también que la elección de esos o de aquellos padres forma parte de mí. En la vida, cualquier obstáculo que se consigue superar conlleva un fortalecimiento.

Pueden descubrirse otras muchas cosas escondidas en esa mochila. La tarea de descubrirlas se la dejo a cada uno de mis lectores. La siguiente carta de un hombre de 22 años puede dar una imagen mucho más clara de lo anteriormente descrito.

3.1 Carta de un estudiante de medicina de 22 años

Siento dentro de mí una gran metamorfosis, tanto en lo que se refiere a la rutina de la vida como también en un plano interior, incluso en mi aspecto físico. Fui uno de los mejores alumnos de mi clase, con las mejores notas, hasta que de pronto me di cuenta de que lo que estaba aprendiendo, la manera de estudiarlo y lo que les importaba a los profesores no me conducía a nada. Al menos, a nada con respecto al aprendizaje de la medicina que era en realidad mi meta. Notaba que nos tecnificábamos y que mi cabeza ya no era capaz de retener tantos conceptos. Sentía como iba perdiendo mi sensibilidad. Por esta razón comencé un nuevo método: no seguía apuntando lo que decía el profesor y en cambio prestaba más atención para captar lo esencial de la clase, para ser algo más que una mera máquina de copiar. A lo largo del día tenemos muchas clases y materias que no nos aportan nada. Recientemente ya no asisto tan asiduamente a esas asignaturas. Los compañeros piensan que hago mal, pero me siento bien con mi manera de hacer las cosas y aprovecho mejor el tiempo con otros asuntos que también me interesan. Mis notas ya no son tan buenas, pero tengo la impresión de estar sacándole provecho a las clases. Otro aspecto que molesta a la gente es mi apariencia externa. Me parecía que tenía aspecto de médico, que se me había puesto la misma cara que a todos mis compañeros desde que estudiamos medicina. Daban mucha importancia al aspecto externo. Todos llevaban el mismo corte de pelo, iban peinados de la misma forma, con bigotes y gafas y utilizaban un vocabulario técnico al hablar. Así que decidí dejarme el pelo largo y rizado, llevar barba y quitarme las gafas. La ropa de más categoría la envié a casa. La gente comenzó a llamarme 'hippie', lo que me hacia sentir muy feliz. En lugar de un portafolio con el emblema de la universidad llevo un sencillo saco a modo de cartera que me gusta mucho. Intento desarrollar muchas otras cualidades. Dentro de mi ha tenido lugar una especie de explosión: un impulso de darle la vuelta a todo. He comenzado a tocar la guitarra y formo parte de un grupo de teatro. Empiezo a desarrollar una gran comprensión por la naturaleza y cuando puedo observo los campos y el río. También he comenzado a cuidar de mi pequeño jardín. Me apetecía cambiarlo todo. Empecé a estudiar homeopatía e hice un curso de acupuntura y otro de parapsicología. Antes nunca salía de casa, pero ahora tengo un grupo de amigos a los que quiero mucho y con los que hablo a menudo. Llevo la vida de un bohemio, me acuesto tarde, me divierto y conozco a un montón de gente. Trabajo en un ambulatorio homeopático. Desde hace unos meses me siento muy bien. Siento que todo se ha vuelto más humano. Me siento muy entusiasta, sobre todo porque he desarrollado habilidades distintas. También leo regularmente libros de antroposofía; ya he leído "La ciencia oculta", "La educación del niño desde el punto de vista de la ciencia espiritual", "El misterio de los temperamentos", "Los tres primeros años del niño" y otros libros como "El cuerpo como instrumento del alma". Todo ello me proporciona una gran riqueza interior. También estoy en una fase en la que tengo gran interés por descubrir mi interior y autoeducarme. He empezado una psicoterapia y me encuentro bien. Intento no esconder nada de mí mismo, abrir todas mis puertas, ser extremadamente sincero y útil en la vida práctica. También quiero decirte que estoy pensando en probar drogas. Como lo que quiero es estudiar psiquiatría, pienso que debería conocerlas: sin embargo aún no estoy completamente seguro a este respecto. He intentado analizar a fondo este deseo, para saber que no se trata de una especie de huida, pero no lo creo. Hace unos días, estan-

do con unos amigos y algo bebido, hice un descubrimiento. Me pareció increíble lo que observé: todo lo que decía y hacía lo hubiera hecho igual estando sobrio. Hace unos años me habría sido imposible. Me encuentro en una fase de extroversión, puedo bailar sin estar ebrio, cosa que antes no conseguía. De algún modo me encuentro muy bien. Antes era muy melancólico y a menudo pensaba en la muerte. Hoy, en esta etapa tan explosiva, ya no pienso en la muerte, o al menos no mucho. Mi temperamento sigue siendo melancólico pero me siento muy bien. Me parece que ahora tengo más amor por las cosas y las personas. Me gusta hablar con la gente y trato de expresar de forma clara y explícita lo que siento y lo que pienso. Antes no era capaz de eso. Cuando la gente me presionaba, prefería no hablar. Tal vez esté exagerando con lo mío, pero es así como realmente lo veo y lo pienso, y tal vez te sirva para tus investigaciones acerca de las biografías.

3.2 La fase de desarrollo entre los 21 y los 28 años

Al tiempo que transcurre entre los 21 y los 28 años se le puede llamar la fase de los años de viaje. Muchas personas viajan por el mundo para aumentar su nivel de experiencias. De algún modo también nos volvemos hacia nuestra infancia para transformar desde atrás los acontecimientos de los primeros 21 años de vida. La fase de los 21 a los 28 años refleja la de los 21 a los 14 años. En muchas biografías pueden encontrarse esta clase de simetrías. (Véase también el capítulo "Ritmos y simetrías"). Como puede verse en la carta del joven estudiante de medicina, la fase entre los 14 y los 21 años es un periodo difícil, un periodo de gravedad, en el que la vida a menudo nos parece difícil. El joven piensa que su entorno no le brinda la suficiente comprensión, se siente solo. En ocasiones hasta se siente deprimido. Después de cumplir los 21 años accede a una etapa distinta. En ella tiende a la extroversión, quiere experimentar nuevas sensaciones y aprende de la vida misma.

En ciertos aspectos animicos existen paralelismos con el primer septenio. Cuando el niño pequeño aprende a andar, se cae, se vuelve a levantar, se vuelve a caer, etcétera. En el cuarto septenio la persona también se cae, pero en un sentido anímico; tiene una experiencia, se cae, se vuelve a levantar y tiene nuevas experiencias. El joven aún es inseguro en sus experiencias y tiene que aprender de ellas. Tiene muchas ganas de vivir y quiere acumular experiencias en muchos ámbitos distintos, que pueden ser: su trabajo, las relaciones humanas, hasta las drogas o las vivencias espirituales.

Tomamos con más fuerza las riendas de la autoeducación. Es como si cabalgáramos sobre un caballo salvaje. Sólo con el tiempo aprendemos a dominar el manejo de las riendas. Y a pesar de ello, cuántas veces se nos desboca el caballo y nos caemos a lo largo de la vida, cuántas veces tenemos que volver a montar para tomar las riendas. Rudolf Steiner denomina esta fase de la vida la fase del alma de sensación. Se caracteriza por las idas y venidas de la vida. Volvemos a depender de nuestro entorno, aunque no de forma física, como sucede en el primer septenio, sino en el terreno anímico. Nos importa saber qué opinión tienen de nosotros los demás. ¿Qué opinan de nosotros nuestros suegros? ¿Cómo mantenemos la imagen del buen hijo o de la buena hija ante nuestros padres?

Es la época en la que fácilmente llegamos a adoptar algún papel, un rol profesional para compensar ciertas inseguridades en el mundo laboral, un rol familiar del tipo 'buen esposo' o 'buena esposa'. Nos preguntamos: ¿Qué es lo que se espera de una buena madre o de un buen padre? Aquí corremos el peligro de que el rol que adoptamos ahogue del todo el germen de nuestro Yo. La lucha con los roles —este rol que C.G. Jung denomina la *persona*— que se inicia en esta fase, en ocasiones se prolonga a lo largo de toda la vida. Una biografía exterior comienza a oponerse a nuestra biografía interior. Debemos aprender a unificar las dos.

El cuarto septenio también es el tiempo en el que se forman amistades o grupos. Queremos compartir nuestro tiempo libre con personas afines o con los que tal vez compartamos un fin común. En nuestro trabajo aprendemos de nuestras experiencias, cambiamos a menudo nuestro puesto de trabajo y queremos ver los frutos de nuestra labor. ¡Qué dicha la del médico que en un sólo día ha podido asistir los partos de ocho bebés! Su Yo crece y se fortalece. Qué infeliz en cambio el trabajador de una cadena de montaje que al final de la jornada se va a su casa con las manos vacías. Sólo tiene un modo de compensar este vacío: tomar mucha cerveza u otra bebida y permanecer en el bar durante horas para olvidar el vacío.

La dependencia del entorno, de otras personas, de los compañeros de trabajo, del jefe en la oficina o de la pareja en casa es grande. A menudo elegimos una pareja que tiene cualidades que nos faltan con la esperanza de complementar así nuestro ser. Con frecuencia se desarrolla cierta dependencia de la pareja, puesto que de alguna manera sólo somos mitades. Es en la siguiente fase, entre los 28 y los 35 años, cuando atravesamos un proceso de individualización. Así es como nos convertimos en hombres completos y conseguimos amar a la pareja de una forma renovada, sin exigencias ni dependencias.

El entusiasmo juvenil y la energía vital nos dan alas y nos llenan de idealismo. En esta fase estamos convencidos de poder conseguir cualquier cosa que nos propongamos. Por ejemplo, una mujer cuyo marido es alcohólico está convencida de poder quitarle el vicio de beber. O podemos estar convencidos de que será posible introducir la medicina alternativa o la alimentación natural al nivel de toda la población. Tenemos ganas de aprender, somos inteligentes y brillantes, pero al acercarnos a los 27 años, esta fuerza del entusiasmo empieza a decaer un poco. Hoy encontramos a muchos jóvenes cuyo entusiasmo ha desembocado en una depresión que en ocasiones puede durar varios años.

En la biografía de nuestro joven estudiante de medicina no fue este el caso, aunque la trayectoria de su vida más adelante encontró un desenlace sorprendente, que no era previsible con los datos vistos hasta el momento. ¿Cómo continuó su biografía? El joven estudiante de medicina consiguió su diploma de médico y se especializó en la rama de psiquiatría. La ciudad en la que vivía se le hizo demasiado estrecha aunque procedía de una familia numerosa de una población aún más pequeña del interior de Brasil. Se mudó a São Paulo y se encontraba muy a gusto en la gran ciudad con todas sus aventuras. Poco a poco sus relaciones con otras personas se fueron definiendo más, sin embargo sólo tenía amistades más profundas con otros hombres. Trabajaba en la clínica antroposófica de São Paulo y le interesaba mucho el trabajo de grupo y la pedagogía social. Aproximadamente a los 33 años de edad asistió a un curso en el "Center of Social Development' en Inglaterra. Visitó varias ciudades europeas. Todo ello le costaba mucho trabajo, puesto que en el fondo seguía siendo el hombre de campo del interior de Brasil. Su alma era frágil y sensible. Era buen médico, sobre todo para casos psicológicos. Siempre viajaba completamente solo. Cuando tenía 36 años, se notaba que estaba atravesando fuertes conflictos interiores. Sin embargo, al preguntarle siempre decía que todo marchaba bien. En una ocasión hizo una excursión a pie y se perdió en la maleza y la niebla. Durante tres días estuvo errando por la selva hasta lograr volver a su casa. Nunca quiso hablar con nadie de sus experiencias, las cuales debieron ser terribles. Consiguió ponerse algo más fuerte, pero después de tres semanas ingirió una sobredosis de somníferos y se durmió para siempre, con lo que los conflictos que le atormentaban seguirán siendo un enigma.

Sí en la fase del alma de sensación (o sea, entre los 21 y los 28 años) conseguimos poner un suelo firme bajo nuestros pies, estaremos poniendo las bases para el despliegue de nuestra personalidad en los años siguientes. Un buen jefe que de cuando en cuando hace una valoración de los resultados de nuestro trabajo puede ayudarnos a encontrar una base sana en nuestro trabajo. También es muy útil ejercitar la objetividad. De esta forma empiezo a comprender que mi punto de vista no es el único acertado. Según el ángulo desde el que observo un objeto, este tiene un aspecto distinto y debo aprender a ver las cosas desde un punto más elevado. Hoy existe toda una ciencia que se funda en un modo goetheano de ver los fenómenos y que puede ayudar a los jóvenes a desarrollar su objetividad.

3.3 Los 28 años:
La crisis de los talentos

En cierta ocasión a Albert Einstein se le hizo la siguiente pregunta: "¿Qué es un genio?" Él contestó: "Un noventa por ciento de transpiración y un diez por ciento de inspiración".

Esta frase es válida sobre todo para la época después de cumplir los 28 años, puesto que hasta entonces nos soportan las fuerzas juveniles del cuerpo y el entusiasmo y la inteligencia dan alas a todo nuestro ser. ¡Cuántos jóvenes poetas, músicos, etc..., entierran por completo sus geniales talentos a partir de esa edad! En uno de nuestros cursos biográficos participó una cantante con una voz maravillosa. Sin embargo, su marido siempre se había burlado de ella cuando practicaba, lo que la llevó a dejar de cantar por encontrarse demasiado desanimada. Algunos de los demás participantes del curso la oyeron cantar en el cuarto de baño y quedaron maravillados. En este momento ella ya había rebasado los 60 años. No se volvió a repetir el suceso. Nuestra cantante había enterrado su extraordinario talento y no tuvo el valor de retomarlo.

Un fragmento de una carta de una participante de un curso biográfico:

De vez en cuando releo los apuntes de su curso biográfico y encuentro que muchas cosas se van ratificando. En diciembre cumplo 28 años y percibo con toda claridad que todo lo que hasta ahora funcionaba por si sólo se torna en todo lo contrario. ¿Qué hacer con este conocimiento cuando se presenta la pregunta ¿cómo puedo actuar?

La respuesta es: cuando aparece ante nosotros la pregunta ¿cómo puedo actuar? ya estamos en el camino de resolverla. Porque es precisamente la actividad, la acción, la que nos hace superar la pasividad y hasta la depresión. Por supuesto que este camino es distinto para cada persona. El encuentro con un compañero del destino puede tener un efecto muy estimulante. El espejo de la otra persona nos hace encontrarnos nuevamente con nuestra imagen. Surgen nuevas energías. Es como cuando se mezclan dos colores: del azul y el amarillo surge un verde.

¿Qué es una relación? En una relación podemos caminar juntos. Hacemos muchas cosas en común y creemos que nos llevamos muy bien. Pero cada uno permanece en sus colores. El proceso creativo aún no se ha iniciado. Sólo cuando tenemos el valor de intentar comprender a la otra persona, aunque sea completamente diferente de nosotros mismos, es cuando se inicia el proceso creativo y pueden surgir todas las tonalidades de los colores mezclados. Por supuesto que hay momentos en los que el azul tiene que permanecer aislado y tranquilo mientras que el amarillo brilla por otro lado. Pero mientras tanto hay toda una gama de verdes, desde el verde intenso del bosque tropical hasta los suaves verdes de las praderas en primavera.

Cada persona tiene su propio ritmo al andar. El caminar también es una imagen para el transcurso de la vida. Es muy importante que cada cual encuentre su propio ritmo en la vida. Al mismo tiempo es de fundamental importancia respetar el ritmo del otro. Pero hay momentos en los que queremos caminar juntos. ¿Qué hace falta entonces? ¿Cómo caminaremos? ¿Acaso uno corre por delante y el otro va cojeando detrás? No, ahora se trata de encontrar un ritmo común. Si el más pausado se adapta al ritmo del más rápido se cansará pronto. Si el más rápido se rige por el más lento, siente que algo se estanca y no fluye bien. Hay que encontrar un tercer ritmo. Este es un proceso nuevo y creativo. En este sentido estamos ante un abismo y sentimos miedo y dudas: ¿seremos capaces de construir el puente que nos llevará al otro lado?

En las células de fecundación se nos presenta la imagen primitiva de una relación. Cuando un espermatozoide encuentra un óvulo tiene lugar la fecundación, pero si ésta no se lleva a cabo, tanto el óvulo como el espermatozoide mueren. Lo mismo ocurre en nuestras relaciones. Mientras mantengamos un efecto fecundador recíproco, algo nuevo se irá creando en la relación y florecerá.

Así, en esta fase, la unión de dos personas, un encuentro, puede generar un gran número de elementos nuevos que nos ayudan a enmascarar un poco el trance de tener que darle una forma nueva a nuestra vida. La crisis alrededor de los 28 años se atenúa de esta forma.

Sin embargo, cualquier crisis puede conducirnos a un nuevo despertar. Para poner un ejemplo —un amigo mío hasta los 28 años se había vuelto completamente ateo. De niño pasaba sus vacaciones con diversas familias estrictamente protestantes. Más tarde sintió una fuerte aversión hacia lo religioso. Un compañero de trabajo algo mayor que él, en una ocasión le preguntó si tenía fe. Le respondió con vehemencia: "¡No! Y aunque me encontrara con el mismísimo Jesucristo en la calle, le escupiría a la cara". Esto le dio mucha risa al otro y admitió: "Si, desde luego no tienes remedio". Otra compañera que se encontraba en la misma habitación escuchó su conversación. Poco después volvió con el libro de Rudolf Steiner "La ciencia oculta" y se lo entregó al joven "incrédulo". Éste leyó el libro con gran interés y sacó muchas ideas para su vida posterior. Su vida había sido fecundada por la antroposofía. También su familia ganó una nueva perspectiva. Mi amigo continuó trabajando como ingeniero industrial con entrega y dedicación. En los años siguientes progresó profesionalmente. Hubo una nueva transformación a los 37 años, cuando cambió de profesión para dedicarse a labores de desarrollo en el ámbito humano y empresarial.

Muchas personas en esta fase alrededor de los 28 años también se enfrentan a un dilema interior. Recuerdo la difícil situación de una mujer de 28 años. Era soltera y tenía una hija pequeña, debía tomar una decisión acerca de continuar su vida en Brasil o en Europa. En la siguiente poesía describe su situación interior.

Si me quedo, estaré bien.
En ocasiones me veo como dos
y aún no sé
quién, qué persona
puedo o quiero ser.
Por eso estoy aquí

Estoy bien,
pero me da miedo contemplar este momento,
porque estoy dividida y temo
que esta división me sobreviva
en los próximos siete años.

Ha llegado el momento de escoger:
¿Qué país,
qué cultura,
qué mundo escogeré,
plantaré o cuidaré?

*Quedarme en Brasil significa que seguiré
plantando mis campos con imágenes y consciencia,
escribiré y haré mi trabajo
en la informática, en la prensa y en las telecomunicaciones,
y cosecharé todos los frutos de lo que
he construido dentro y alrededor de mí.
Mi hogar, mi relación con mi hija,
el secreto de mis libros,
las emociones de mis discos, con la música (mi cultura),
a la que quiero,
mi idioma,
mi país, que tal vez me necesite más
que el mundo de ahí fuera.*

*Yo me necesito
y si salgo, significa
plantar una nueva tierra en mi interior,
dejarlo todo,
vivir muy lejos.*

*Construir dentro de mí y a mi alrededor:
un nuevo hogar,
un nuevo alma,
un nuevo sentir,
acariciar nuevamente muy de cerca un viejo sueño
y lanzarme a la incertidumbre y a la soledad,
una inversión que viene de dentro,
y las preocupaciones materiales
de volver con las manos vacías,
sacada de las reglas del juego
que son válidas en Brasil.*

*Aprender cosas nuevas,
ampliar mi horizonte cultural y mi consciencia,
sólo molesta cuando existe la obligación
de ganar dinero.
Ya he ganado dinero por mi cuenta.
(Fue una lucha ser padre y madre al mismo tiempo)
¿Y ahora?
¿Quiero algo más?
¿Puedo algo más?*

*Estoy bien.
¿Por qué esta decisión en un tiempo
en el que todo está aparentemente consolidado?
No lo entiendo.
¿Por qué esta maldición?
¿Para qué una nueva transformación?
¿Quién quiero y quién puedo ser?
Puedo estar bien
en cualquier camino,
cualquiera que sea.*

*Mas no sé
si puedo
si quiero
ser.*

No mires lo que hacen los demás,
hay tantos otros,
sólo conseguirás meterte en un juego
que nunca terminará.

Camina por el sendero de Dios,
no aceptes ninguna otra guía,
así caminarás bien y derecho,
aunque andes completamente solo.

Christian Morgenstern

3.4. De los 28 a los 35 años: "Muerte y resurrección"

Comenzaremos ilustrando el quinto septenio con ayuda de algunos dibujos y comentarios. La figura 3 y la descripción que la acompaña arrojan luz sobre la situación personal a esta edad.

Me encuentro en una cueva y llevo un escudo con el que me defiendo. El escudo es tan grande que no me permite ver la luz que hay fuera de la cueva. Por fin me decido a abandonarla para coger una espada de luz y luchar. Cuando conseguí dar este paso tenía unos 32 años.

El dibujo y la descripción son de una mujer de origen noruego que tuvo una infancia feliz y vivió en Noruega hasta la edad de 21 años. Cuando conoció a su actual marido, un brasileño, decidieron casarse y emigrar a Brasil. La mujer tenía grandes dificultades para adaptarse a Brasil y a su vida en una granja, Una y otra vez comparaba el país con Noruega. El sol calentaba demasiado y por demasiado tiempo, faltaban la nieve, los abetos y la montaña, le costaba aprender el nuevo idioma. Mientras tanto se convirtió en madre de tres vigorosos niños. La mujer se entregaba por completo a los hijos y su marido era su protector. Tenía miedo de luchar, de hacer amistades y de ser activa en la sociedad. La situación se prolongó hasta los 32 años. El dibujo expresa la vivencia interior. Con 35 años, la mujer decidió trabajar como maestra en la granja. Aunque hasta el presente no se siente realmente en casa, se ha hecho cargo de su trabajo y ve nuevas posibilidades.

Ahora un segundo dibujo (fig. 4):

Sentía que me encontraba en una cueva (a) sin darme cuenta de estar caminando hacia el fondo de la misma. No advertía que la luz venía desde atrás. De pronto tuve un encuentro, una conversación y vi que sólo tenía que darme la vuelta. Entonces percibí la luz que había fuera de la cueva y frente a mí. Pero antes tuve que atravesar un pantano en el que me hundía hasta las rodillas (b). Ahora (a la edad de treinta años) percibo que aún me encuentro dentro de la cueva (c), ya más cerca de la salida de la misma y viendo la luz. La idea de la muerte está presente. Con doce años soñé que me iba a morir a los 32 años. A través del curso de trabajo biográfico empiezo a comprender la totalidad del hombre y de la humanidad y como están relacionadas la vida y la muerte. Antes no veía ninguna motivación ni sentido en la vida.

La siguiente poesía es de la misma persona:

Soñé, soñé y soñé
durante muchas noches —sin recuerdo.
Hoy lo recordé
Soy un prisionero
en un edificio de muchas plantas,
muy alto y cerrado.
Hay alguien más conmigo,
allí arriba, a través de la ventana
veo el mundo libre allí abajo.
Mas no puedo tomar parte en él.
Cuando intento huir,
pienso que el castigo de veinticuatro horas
no se terminará.
Cuatro meses han pasado ya—
¿Huyo o me quedo?
¿Lucho o espero?

¿Qué tratan de expresar la poesía y el dibujo?

Figura 3

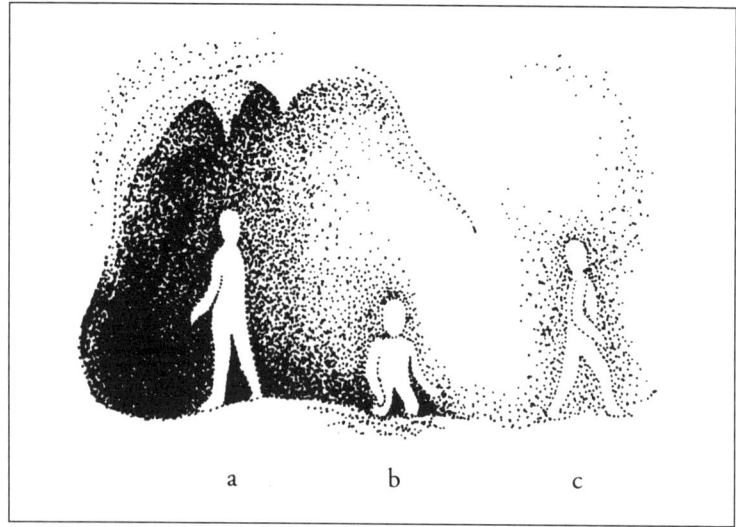

a   b   c

Figura 4

Son imágenes del alma cautiva incapaz de elevarse. Los años pasados aún pesan mucho, se atraviesa una zona pantanosa. La luz es perceptible, pero aun queda lejos. Los talentos de la juventud se van perdiendo, las fuerzas van disminuyendo. Hay que pasar el umbral: ¿tendremos fuerza para hacerlo? ¿Encontraremos el camino sin ayuda?

Muchos jóvenes atraviesan tiempos difíciles entre los 27 y los 33, y en ocasiones hasta los 35 años. Las fuerzas vitales van disminuyendo y se van gastando, las enfermedades más graves se hacen más frecuentes. Hay un número sorprendentemente alto de cánceres juveniles o SIDA a estas edades. En ocasiones ya se anticipa el enfrentamiento con la muerte. ¡Cuántas personas mueren antes de cumplir los 33 años! Las causas de su muerte son el cáncer, el SIDA, los accidentes de tráfico, el suicidio, etc.

Algo nuevo debe comenzar a esta edad, el Yo debe fortalecerse y superarse a si mismo. La crisis que aquí describimos suele denominarse la crisis de los talentos. (Merece la pena examinar la parábola bíblica de los talentos bajo este punto de vista). ¿Entierro los dones que traía? ¿Los malgasto? ¿O los transformo poco a poco para que a partir de los 35 años puedan ser útiles para el mundo?

El tiempo de la inspiración ya pasó y comienza el trabajo del Yo desde el interior. ¿Cuáles son las fuerzas que pueden apoyar este proceso? Son aquellas que son iguales a nuestro Yo, "las fuerzas Crísticas". Desde el Misterio del Gólgota han penetrado en la humanidad y conducen nuestro Yo hacia un proceso de individualización, hacia la capacidad de decisión independiente y hacia una moral autónoma. ¿Cómo es eso posible? Muchas personas se encuentran en esta fase con un libro, una filosofía o una persona que les devuelve a la fe y a Dios. Los años comprendidos entre los 30 y los 33, los años de Cristo, contienen muchos de esos elementos. Algunas personas son capaces de llevar a cabo este proceso de individualización y otras no. Algunos lo viven de forma más consciente y para otros se queda en el subconsciente.

Si volvemos a analizar la primera biografía bajo este aspecto, observamos que la diarrea bacteriana y la fiebre alta de la joven la llevan a una vivencia especial, su sueño del paraíso. En la biografía 2, después de dos difíciles años tras la separación de su marido (30 a 32 años), Tanga vuelve a encontrarse en su trabajo, de nuevo vive con sus hijos y comienza una fase feliz. También en las biografías siguientes encontramos este elemento, un refuerzo y un giro en la vida. En la biografía 5 a la familia le llega un nuevo hijo que ocasiona un cambio en la actitud del paciente. En la biografía 6 es el escrito de Rudolf Steiner "La ciencia oculta" lo que aporta una nueva tendencia.

La fase de los 28 a los 35 años que corresponde a la mitad de la vida para muchas personas tiene otro aspecto completamente distinto. Es la fase en la que nuestra corporalidad se encuentra profundamente penetrada por nuestra individualidad. Eso nos proporciona fuerzas para nuestras metas hacia fuera: y nuestro trabajo obtiene resultados. En esta fase, el hombre a menudo está muy volcado hacia el exterior para conquistar su carrera profesional y su estatus social. La mujer, si tiene hijos, suele estar ocupada con el cuidado de la casa y la familia.

Para equilibrar el egoísmo natural de esta fase debemos desarrollar tolerancia, amor y compasión por nuestro entorno. Rudolf Steiner llama a este tiempo la fase del alma de corazón y razón. De forma consciente siempre utiliza los dos términos al mismo tiempo. Es necesario integrar el pensamiento (razón) y el sentimiento (corazón) en la personalidad. El varón que por naturaleza está más dado a pensar y a ejercer la voluntad debe desarrollar sus sentimientos para entrar en contacto con su mujer e hijos. También podríamos decir que tiene que desarrollar su fuerza anímica femenina o, como dice C.G. Jung, su anima. La mujer que por naturaleza está más dispuesta para los sentimientos debe desarrollar más su capacidad para pensar y decidir (la faceta masculina de su alma, o según C.G. Jung, el animus). Así estará mejor capacitada para comprender a su marido y para afrontar sus tareas, y mucho más si ejerce una profesión. Rudolf Treichler caracteriza los años entre los 21 y los 28 con la frase: "¿Cómo percibo el mundo?": la fase de los 28 a los 35 la resume con el lema: "¿Cómo está organizado el mundo y cómo me organizo en mi relación con el mundo?" Ahora hay que cuidar un ritmo adecuado de respiración con el entorno. Es importante encontrar un buen equilibrio tanto en la profesión como en la familia, desarrollando por un lado la capacidad de adaptación y cuidando por otro lado que el entorno no sea aplastante para así poder desarrollar la individualidad sin trabas. Disminuye la dependencia de la pareja y aumenta la capacidad para ser uno mismo, lo que lleva también a un aumento de la capacidad para amar. El matrimonio puede convertirse en una buena relación de camaradería en la que cada uno respeta la individualidad del otro y no le atosiga con exigencias. La persona que se dedica a una profesión basada en el rendimiento físico alcanza en esta fase el máximo rendimiento posible, lo que puede observarse también en muchos deportes. Además, la persona entre los 28 y los 35 años tiene extraordinarias dotes de organización y se observa una tendencia a planificar su vida en el futuro.

El quinto septenio es un momento en el que podemos conseguir un equilibrio entre el idealismo y las vagas ilusiones que teníamos entre los 21 y los 28 años y el materialismo y el endurecimiento que nos aguarda entre los 35 y los 42 años.

3.5 Biografía 3
Vivencias entre los 30 y los 33 años

No sé por donde empezar. Desde luego no puedo decir que todo comenzó a los 30 años. No sería cierto. Antes hubo treinta años que sirvieron de preparación para lo que iba a llegar después.
Una familia, padre, madre y tres hijas, yo era la del medio. Una familia judía. Mi padre llegó a Brasil procedente de Rusia a la edad de ocho años acompañado de su familia. Habían sufrido persecuciones, el antisemitismo, la pobreza y tenían el fuerte deseo y la necesidad de salir victoriosos. Mi madre era de una familia judía que ya llevaba viviendo en Sudamérica desde hacía tres generaciones, estaban por lo tanto muy "asentados". Mi padre era el artista, el intelectual, el hombre de negocios. Mi madre, el ama de casa impecable, la buena madre, la buena esposa, todo amor, sumisión, fidelidad.
Creo que tuve una infancia feliz. Aprendí pronto a ganarme a la gente con mi jovialidad, sentido del humor y mi creatividad. Estas cualidades eran muy apreciadas en mi casa. Con ellas evitaba el enfrentamiento, las disputas y los disgustos. Pronto aprendí también juegos alegres. Buscaba lo brillante para conseguir afecto y lo conseguía.
Tenía amigos, muchos amigos y una familia que me amaba y me admiraba. Mi padre murió joven, cuando yo tenía casi 17 años. Fue duro, pero la vida continuó.
Me casé con 20 años. Estaba enamorada y preparada para una nueva vida. Enseguida llegaron los hijos. Di a luz a tres niños en cuatro años. Siguió una década que dediqué con la máxima perfección a educar bien a mis hijos, a alimentarlos, a vestirlos,

a jugar con ellos, a cantar, a darles cariño y a proporcionarles todo lo que en mi propia niñez había recibido como modelo. Todo ello iba asociado al deseo de "ser alguien" para mi entorno, como por ejemplo ser una artista, pero sobre todo ser buena en todo lo que hacía. En este tiempo también conocí una nueva forma de ver la vida y el mundo, a las personas y a Dios. Por primera vez en mi vida poco a poco comprendí y acepté - gracias a la antroposofía - que existía un mundo espiritual. Cada vez más me fui convirtiendo de una materialista en una espiritualista. El judaísmo de mi padre estaba ligado a las tradiciones de su pueblo, era extremadamente materialista y agnóstico, lo que me influenció de forma decisiva.

Y llegó el momento de dividirme. Se me hizo muy difícil declararme partidaria de un mundo espiritual ante mis amigos materialistas. Y aún más difícil fue profesar una actitud cristiana ante mi familia judía. Así pasé diez años con dos caras, o mil caras. Tenía éxito en todos los ámbitos sin echar raíces en ninguno de ellos.

Cuando tenía 29 años me sentí muy insegura y frustrada. Como mujer que vive en este mundo y en este siglo, una parte de mi quería cumplir bien con mi papel de madre, esposa y ama de casa, y nadie lo hacia mejor que yo. La otra parte de mi ser deseaba ser alguien, tener una profesión, cosechar éxitos y ganar dinero. También quería ser encantadora y atractiva para conservar el amor de mi marido para siempre. En resumidas cuentas quería ser una 'supermujer' y no lo conseguía. La frustración empezaba a invadirme mientras intentaba convencerme a mi misma de que todo iba bien.

El año que cumplí los 30 años mi marido y yo atravesamos nuestra primera crisis de pareja. Como ni en sueños había considerado la posibilidad de que me ocurriera algo semejante, caí desde muy alto a un profundo abismo. El terror, el miedo y la inseguridad se apoderaron de mí. Por primera vez tuve que reconocer que no era nada de lo que había creído o de lo que, a mis ojos, los demás esperaban de mí que yo fuera. La depresión fue grande y un sentimiento de temor no me abandonaba. A mis ojos yo era un cero, no valía nada, ni como mujer, ni como madre ni como profesional.

Poco después de reconstruir, mi marido y yo, nuestra relación de pareja, mi madre fue operada de un mioma en el útero. Este fue extirpado, lo que me impresionó profundamente. Recuerdo haber tenido la sensación de que mi primera morada, en la que había sido concebida y que me había protegido, "mi nido", había sido arrojado a la basura. Ahora tenía que arreglármelas yo sola.

No pasaron ni dos meses y enfermé. Tenía hemorragias intestinales. El diagnóstico era Retro-Colitis-Ulcerosa; una enfermedad psicosomática, según me decían. La curación sería difícil, aparte de ser sólo en raras excepciones. La enfermedad se desarrollaría de forma que presumiblemente se me tendría que extirpar el colon o se formarían ulceraciones cancerosas.

Después de otros dos meses resultó que mi madre tenía cáncer. Este diagnóstico me hizo perder por completo el suelo bajo los pies, no me quedaba base moral.

Fingía que nada había pasado. Lo único que pretendía era que el médico me suministrara algún medicamento que disimulara mi enfermedad. La enfermedad no existía y podía seguir mi vida de "supermujer" a toda máquina. Era como si la enfermedad y yo fuéramos dos seres distintos, y que yo tenia que arrastrarla como si se tratara del sidecar de una motocicleta.

Continuamos así durante dos años, mi enfermedad y yo. Al morir mi madre sentí que no seria capaz de soportar la pérdida y la separación. Mi estado había empeorado y de pronto tuvo lugar un cambio en mi interior. Ahora veía que mi enfermedad y yo éramos una misma cosa. Decidí reconocer mi enfermedad y afrontarla yo sola. Ya no visitaba a ningún médico ni convencional ni de medicina antroposófica, llevando a cabo un cambio total en mi tratamiento y mi alimentación. A diario hacía sesiones de acupuntura y no escuchaba a nadie. Tampoco tomaba medicamentos ni me hacia pruebas, y no prestaba atención a las hemorragias ni a las diarreas.

Mi cuerpo se debilitó rápidamente. Empecé a perder peso y me era imposible hacer otra cosa aparte de cuidar de mi misma, No podía ni trabajar ni estudiar, ni atender a mis hijos, ni la casa, ni tomar parte en la vida de mi marido. Mi vida sólo giraba en torno a mi, no había un camino medio. Sólo la vida o la muerte. Me encontraba tan débil que no podía llevar ni mi propio bolso. Mis manos, pies y rodillas estaban atacadas por la artritis, las articulaciones se hinchaban y tenía que usar bastón para caminar. Debido a la escarificación de mi cuerpo a través del intestino, me salieron forúnculos en todo el cuerpo. Tenía más de cien forúnculos grandes, algunos con tres a siete puntas. Todo ello acompañado de subidas de fiebre de hasta cuarenta grados. Sufría fuertes dolores en todo el cuerpo, que ya antes del empeoramiento habían sido considerables en el bajo vientre. Estaba muy anémica y malnutrida, pero ni entonces quería hacer caso a los consejos de nadie. Aún me quedaba mucho de la "supermujer" y estaba convencida de poder curarme por mi propia fuerza y con la acupuntura.

Al final estuve tan mal que fui ingresada en un hospital en estado muy critico. Era imposible practicarme una operación y la recuperación era muy difícil debido a mi extrema debilidad.

En este momento sentí que me iba a morir, al igual que lo esperaban todos los que me rodeaban. Podía ver y sentir la muerte junto a mí. Sentí que estaba justo en el umbral, podía ver el otro lado, sólo seria un breve deslizar. Al principio me di cuenta de que estaba enojada, incluso furiosa. Pensé: ¿Pero por qué yo? Todavía soy joven y quiero hacer muchas cosas en la vida, aún no he conseguido nada. Luego sentí miedo, mucho miedo. No del momento mismo de la muerte, puesto que ya había sufrido un máximo de dolor, era más bien el miedo al escepticismo. Yo que estaba tan convencida de la existencia de un mundo espiritual, que creía en Dios, en la vida después de la muerte y en el desa-

rrollo del hombre, de pronto me enfrentaba al miedo de que después no había nada. ¿Y si todo era mentira? ¿Y si todo terminaba con la muerte? ¿Y si toda mi vida no tuvo sentido? Empecé a despedirme mentalmente de la gente cuando me visitaban: podría ser la última vez. Desde mi cama miraba por la ventana y veía los árboles, el cielo, los cambios de tiempo, los colores, con los ojos, los oídos y el olfato, como cuando alguien percibe todo por última vez con sus sentidos. Con ansia absorbía cualquier palabra o caricia de mis hijos y de mi marido.

Después de haber podido sobreponerme de mi estado límite al nivel físico y estando aún muy débil, sufrí un nuevo revés. Por un fallo médico estuve tomando durante dos semanas un medicamento equivocado. Este medicamento me producía una diarrea extrema y contenía además una sustancia toxicológica y alucinógena que me llevaba al borde de la locura y de la muerte. Mis pupilas se dilataban de forma que miraba más hacia dentro que hacia fuera, tenía una fuerte taquicardia y un hormigueo en brazos y piernas que me producía la sensación de una muerte inminente. Como si no fuera suficiente, me entró un pánico que causó un estado de shock hacia todo lo que me rodeaba, acompañado de sudores y fuertes temores. Además tenía alucinaciones que causaban nuevas sensaciones de miedo. Me coloqué en posición fetal y hasta me chupaba el pulgar. El médico me dijo que por muy poco había escapado de la muerte. De nuevo tenía la sensación de haber visto la muerte desde muy de cerca. Entendí profundamente lo que significa tener pánico y sentirse completamente solo en el mundo y aislado de otras personas, incapaz de recibir ayuda de los demás aún estando éstos dispuestos a prestarla.

En mi dolor físico y psíquico estaba tan ensimismada que mi marido se decidió a poner un televisor en la habitación del hospital con el fin de distraerme. Sin embargo, como resultado de todo lo que había pasado, mi percepción había quedado agudizada de tal forma que veía los programas televisivos con los ojos *aún más abiertos. Entre las películas siempre suele haber publicidad en la que se ofertan los productos más superfluos y absurdos de nuestra sociedad de consumo. En ciertos momentos también hay noticias en las que se muestran en un orden casual, como si del tiempo o de plátanos se tratara, las terribles situaciones de conflicto al otro lado del mundo, muertes, asesinatos, revoluciones, terremotos, accidentes de tráfico, catástrofes de barcos y aviones y dramas tremendos. Acto seguido aparece un programa de humor y chicas de revista. Todo eso me causó un profundo impacto y por primera vez me di cuenta, - y no sólo en un sentido intelectual -, de lo que significa hoy día ser ciudadano del mundo: todos los hombres, tanto los que están viviendo aquí a mi lado como los que viven al otro lado del globo terráqueo, todos los que están viviendo en este instante, son mis contemporáneos. Vivimos juntos en este planeta, en el mismo espacio y tiempo. Cada uno con su destino, cargando con su cruz, pero todos juntos, y de alguna forma me concernía a mí lo que podía estarle pasando a una persona, por ejemplo, en China. Sentía con toda claridad que todos los seres humanos formamos parte, somos un miembro, un pie o una cabeza de un sólo ser humano. Y sentí que ahora yo abandonaba esta gran familia para vivir otra vida distinta. Mi vida aquí en la tierra se había transformado con mis problemas y mis vivencias, pero también por los demás. Ahora me iba a llevar todo eso conmigo.*

De pronto comprendí: si era mi destino sobrevivir no podía ser gratuito, teniendo en cuenta el caos en el que se encontraba inmersa la humanidad. Tenía que tener algún sentido. Debía seguir viva para algún fin en concreto, para estar con los hombres, estuvieran a mi alcance o no, para vivir con ellos, para estar activa con ellos y para contribuir, para dar mi "pincelada" en ese gran cuadro de la evolución de la humanidad. En mi interior sentía una inmensa responsabilidad y amor por todo.

Poco a poco empecé a reaccionar frente a la enfermedad. Me fui haciendo más fuerte y tenía más esperanzas. Como medida terapéutica comencé a trabajar con arcilla y también en el jardín. Quien como yo se encontraba en un proceso de excarnación tenía en la tierra lo mejor para encontrar un soporte, un ancla, por así decirlo. Respondí a mi situación en forma vigorosa, trabajando con colores y formas. Me rodeé de belleza. Evitaba las situaciones deprimentes y agobiantes. Buscaba la belleza y la dulzura. Eso me alimentaba, Me sentía como renacida. Era como haber llegado al fondo de un pozo y poder vivir de nuevo. Podía volver a tener una relación personal con los demás. Había desaparecido la necesidad de autoaprobación a través de mis "éxitos". Me costaba menos esfuerzo decir "no" puesto que ya no necesitaba gustar a los demás para que me amaran. Era feliz, muy feliz de estar viva y de estar aquí con los demás. Comencé a amarme y a aceptarme más sin tener que ser una "supermujer" y esperaba menos de mi misma. Estaba desbordada de amor por la humanidad y por los que me rodeaban. Estaba llena de alegría.

Reflexionaba acerca de mi edad y establecí un paralelismo. Me vino a la mente que Jesús había vivido hasta los 30 años para prepararse para su gran misión, que a los 30 años comenzó su camino de sufrimiento y renuncia, para ser crucificado a los 33 años y después resucitar. Salvando las diferencias, sentí que había atravesado una experiencia similar. Con 30 años había comenzado el difícil camino hacia la muerte, había sufrido grandes dolores físicos, el miedo, el pánico, la soledad y la debilidad. Me encontraba en completa dependencia de los demás, teniendo que coger sus manos sin poder dar nada a cambio. Había sentido la impotencia y la muerte sin haberse completado todo. Con 33 años, mi caída hacia mi "crucifixión" parecía casi inevitable. Luego salí de ello como renovada, resucitada. Sentía que mi vida actual se dividía en un "antes" y un "después". Eso estaba muy claro. Incluso llegué a tomar la decisión de dar un paso que resulta muy difícil para una persona de origen judío: decidí tomar el bautismo. Con ello decidí dar forma al gran paso que ya había dado en el mundo terrenal y espiritual. Quería expresar y declarar lo que había sucedido en mi interior: la percepción de un mundo espiritual muy poderoso al que pertenezco y a través del cual actúo en este mundo mientras esté en él acompañada de los que me rodean. No estoy curada. Mi enfermedad es muy difícil de curar, pero estoy fuerte y tengo energía para actuar y trabajar, para estudiar y para estar con mi familia y con mi entorno. Y no quiero volver a perder todo esto. Me siento algo más pequeña, pero tal vez hasta sea por eso que me siento mejor. No tengo tantas exigencias hacia mí misma, pero me quiero más.

Aún no he llegado a donde quiero llegar. Muchos de los viejos defectos aún me acompañan. A menudo me sorprendo a mí misma luchando inconscientemente por hacer todo perfecto, recayendo así en los viejos esquemas. A veces siento temor. Sin embargo, ello me permite descubrirme como persona que soy, inmersa en un proceso evolutivo y doy gracias por cada día que puedo pasar aquí.

3.6 *Biografía 4*

Con 36 años comienzo a ver nuevas perspectivas en la vida. A pesar de encontrarme todavía muy frágil y tener la necesidad de una protección interior, noto un considerable cambio.

Mi padre era brasileño, mi madre danesa. Ambos eran hijos únicos. Mi padre se casó con mi madre porque ella estaba embarazada de mí. Mi padre era un hombre muy guapo, le gustaba la buena vida y todo el mundo le admiraba. Mi madre, por el contrario, era muy introvertida y llena de complejos. Era además muy rígida y vivía según las normas ortodoxas. Mi niñez la pasé en parte en Brasil, pero cada año iba algunos meses a Dinamarca a casa de mis abuelos. La primera vez que estuve en Dinamarca - y esto constituye mi primer recuerdo - fue a los dos años. En Brasil iba a un pequeño jardín de infancia. Cuando tenía dos años y medio nació mi hermana y recuerdo que durante el embarazo de mi madre sentí muchos celos. De niña tuve paperas y una operación de amígdalas y además padecí mucho de insomnio por tener miedos.

Con 6 años comencé la escuela. Me sentía insegura y celosa de las demás niñas. Aprendí a leer y tuve también mi primer amor platónico. Cuando tenía 7 años mis padres se separaron. Hasta esa edad había tenido enuresis nocturna. Me quedé con mi madre. Ella se volvió a casar cuando yo tenía 8 años. Este segundo matrimonio duró solo cuatro años. Mi padrastro dominaba a mi madre, era enérgico e inmaduro. Tenía celos de mí y de mi hermana. A mi padre lo veía solo los domingos en el club, sin que se preocupara mucho de mí. A los 9 años caí enferma con el sarampión y entonces sí que se interesó por mí.

De los cinco a los diez años pasé mis vacaciones de verano en casa de mis abuelos en Dinamarca, allí me encontraba muy a gusto y protegida. Con 9 años hice mi maleta y quise irme de casa, me sentía sola y frustrada. Después de la separación de mi madre de su segundo marido, nos cambiamos a otra casa y mi madre comenzó a beber, aunque no me di cuenta hasta que tuve trece años, ya que ella lo hacía a escondidas. Mi madre me decía que yo era una egoísta, yo por mi parte, tenía la sensación de soportar un gran peso interior. Ese mismo año quise quedarme en un internado en Dinamarca y pasé allí un año entero. Fue una época muy feliz de mi vida, sentí calor y amor, tuve muchas amigas y aprendí a hablar danés, inglés y alemán, además de bordar y hacer punto.

Con 14 años volví a un colegio de Brasil. Desde siempre hubo una gran diferencia anímica entre mi padre y yo. En aquella época aprendí a poner buena cara hacia fuera. Hacia el exterior todo parecía correcto, pero en mi interior sentía miedo, tristeza y angustia. Necesitaba ser el centro de atención para todo el mundo.

Con 15 años tuve mi primer novio y a los 16, tras mi primer contacto sexual, me sentí muy culpable.

Cuando tenía 17 años murieron mis dos abuelos en Dinamarca. En este año mi madre descubrió que yo había perdido mi virginidad lo que aumentó mis sentimientos de culpabilidad. Recuerdo que me dijo: "¡me has acuchillado por la espalda!", como castigo tuve que quedarme un mes sin salir de casa. Ese mismo año mi padre me pegó por unas travesuras. Después de estos sucesos desaparecieron en mí todos los deseos sexuales.

También con 17 años viajé con mi hermana a Europa. En aquel tiempo, mi madre bebía mucho y se quería suicidar. Por aquel entonces conocí a mi segundo novio y mis deseos sexuales se normalizaron. Mi madre seguía afirmando que hacía estas cosas para atraer la atención de los hombres, pero que este novio concretamente no correspondía a mi amor.

A los 18 años me infecté de una gonorrea y mi madre repetía: "¡tu novio no te respeta!". Con 19 entré en la universidad para estudiar turismo. Aprovechando la ocasión, mi hermana y yo viajamos a Dinamarca y por el noroeste de Brasil. Por primera vez tuve buena relación con mi hermana.

Con 20 años conocí a mi tercer novio, era una persona muy difícil y llegó a maltratarme físicamente. Busqué la ayuda y protección de mi padre, pero no me respondió a pesar de conocer bien a mi amigo-novio. Esta experiencia me hizo quedar muy desilusionada de mi padre. Y mi madre, que poseía una considerable predisposición sensual, no soportaba descubrir el mismo hábito en su hija.

Yo era consciente de mi valor, pero me faltaba la necesaria autoconfianza. Con 22 años finalicé la relación con mi tercer novio y poco después inicié una nueva amistad con mi actual marido. Sin embargo me daba cuenta que la familia de mi marido no me aceptaba, más bien me rechazaba. Pensé que este rechazo era por causa de mi madre y reaccioné con agresividad. A la vez, como es natural, me avergonzaba de mi madre, que seguía bebiendo. Finalmente, se trasladó a vivir a Estados Unidos donde fijó su residencia y venía solo una vez al año a Brasil. Ello significó para mi un gran alivio y comencé los preparativos para la boda. Esto no era fácil, ya que por una parte no disponía de dinero y por otra no podía contar con la ayuda de mi madre ni de mi suegra.

Cuando tenía 26 años nació mi primera hija. El periodo de lactancia fue muy feliz, tener un hijo era para mi un motivo de alegría y satisfacción. Intentaba alimentarla con productos naturales, a pesar de que mi suegra se burlaba de ello, pero yo me sentía como una "supermadre". Lamentablemente en la relación con mi marido, - también en los contactos sexuales - tenía grandes dificultades. Mi interés se había enfriado y me sentía por ello constantemente culpable, me creía "la mala" y mi marido "el bueno". Así, a los veintisiete años decidí someterme a una *terapia. De esa forma descubrí que en la relación con mi marido se repetía lo que había practicado en mi juventud. Siempre intentaba provocar una crisis para disfrutar luego de la reconciliación. Cuando la vida diaria era monótona y no ocurría nada nuevo, entonces me sentía insatisfecha. También como matrimonio joven, vivíamos por encima de nuestras posibilidades.*

Con 28 años tuve una pequeña aventura amorosa y quise separarme de mi marido, pero pronto llegué a la conclusión de que mi sitio estaba al lado de mi familia, en mi casa y que debía luchar por mi matrimonio. Por aquella época entré en contacto con técnicas de meditación y empecé a interesarme por lecturas espirituales. Además me inicié en ejercicios de yoga. En aquel año la visita de mi madre me ayudó mucho en la relación con mi marido.

Con 29 años tuve mi segundo embarazo. Fue una época difícil porque andábamos de obras en casa y todo aquello me fatigó muchísimo. Otro punto conflictivo era que mi suegra intervenía demasiado en los asuntos de familia, por lo que no acababa de encontrar mi sitio como esposa y ama de casa, sintiéndome casi siempre en un segundo lugar. Bajo estas circunstancias nació mi segundo hijo. El médico sospechaba que podría ser diabético. Me encontraba muy débil y tuve que permanecer un mes en cama. Poco después, el médico diagnosticó en el niño hipertonía. ¿Tenía yo la culpa?, ¿era un trauma?. Me sentía muy insegura, amenazada y no podía expresar mis sentimientos. Recuerdo incluso alguna angustia de muerte, intentando hacerme mas dura hacia afuera. No conseguí una recuperación completa y al final caí enferma con una diabetes a los treinta y un años. No quería saber nada de medicamentos, muy al contrario, me sentía avergonzada por no ser perfecta. Al fin dejé de fumar, había empezado con este vicio muy temprano. No confesé mi enfermedad a nadie y no me dejaba tratar por ningún médico. En la relación con mi marido me daba cuenta ahora de hasta que punto yo manipulaba la situación. Se repetía la situación que había aplicado en casa con mi madre y su alcoholismo. Algo debía cambiar. Perdí 14 Kg y mi condición física era muy mala. Mi madre me invitó a visitarla en Estados Unidos, cogí a mi hijo y me fui volando. Me preparó un cordial recibimiento, con el cual, al fin, nos pudimos reconciliar.

Comencé a aceptar mi enfermedad, fui tratada con insulina y mi estado de salud mejoró considerablemente. Me daba la sensación de que mi madre quería recuperar el tiempo perdido, dándome ahora lo que antes me había negado en mi juventud, se preocupaba y me cuidaba cariñosamente

A mi regreso a Brasil desde Estados Unidos, la familia de mi marido también me acogió mejor. A partir de ese momento, tuve la sensación de haber renacido y de que mi madre me había aceptado plenamente como hija, es decir que había asumido su maternidad conmigo.

Con 33 años organicé por primera vez una fiesta de cumpleaños, invité a mucha gente. Al mismo tiempo mi hijo hipertónico comenzó poco a poco a andar.

Con 34 años abrí una boutique llevándola durante año y medio. Al principio tuve una socia en el negocio, pero ella lo dejó y para mí sola era demasiado trabajo.

A los 35 años contacté por primera vez con un curso de biografía en la clínica "Artemisia" y al mismo tiempo leí un libro de Louise Ray que tuvo gran importancia para mí.

Mi suegra seguía como siempre con sus críticas, pero ahora tenía fuerzas para oponerme. Además entré en un grupo de "Alanon", donde los parientes de alcohólicos podían intercambiar experiencias. Allí hice muchos descubrimientos psicológicos sobre mi comportamiento. Con 35 años, llegué al convencimiento de que podía dominar mi destino y a la vez podía curarme a mí misma. Mi actitud sexual respecto a mi marido mejoró notablemente y él evolucionó a sí mismo tanto en el ámbito profesional como en el personal; al final también se sometió a una terapia. Mi carácter se hizo más alegre y con mi familia pasábamos estupendas vacaciones juntos.

Respecto a mi biografía quisiera añadir unas cuantas observaciones más:
Soy zurda y nunca me corrigieron. Siempre me he sentido como intrusa e incapaz de adaptarme a un grupo. Era tímida pero al mismo tiempo celosa. Mis sentimientos principales fueron frustración, amargura, susceptibilidad y estaba llena de resentimientos. En la juventud respetaba y observaba mucho los valores y por otra parte era muy agresiva. Una característica mas de mi vida es que he cambiado numerosas veces de residencia y que he efectuado muchos viajes entre Brasil y Dinamarca.

Esta biografía transmite la sensación de que la crisis entre los 30 y 33 años, fue vencida positivamente. También aquí tenemos un caso en el que el ser humano se acercó a la muerte para posteriormente resucitar. En esta biografía es importante que la madre de alguna forma, repara los errores durante el embarazo y la educación de la niña y puede dar lugar a una reconciliación entre madre e hija. Al mismo tiempo la hija puede liberarse de la personalidad de la madre, que tanta influencia ha tenido en su vida. Cuando cumplió 35 años cada vez es más notable el propio impulso. ¿Adónde le conducirá éste impulso? De esta pregunta nos ocuparemos en el próximo capítulo.

Si me tomara por lo que hace de mí
este mundo, por supuesto que no puedo hacer nada.
Desde luego tampoco puedo evitar
la destrucción del globo terráqueo.
Pero si considerara lo que en principio
es o podría ser cada uno de nosotros -
independientemente de la situación mundial -
un ser humano autónomo,
responsable ante el mundo y del mundo, entonces
por supuesto que puedo hacer mucho.

Vaclav Havel

3.7 Los 35 años y la fase entre los 35 y los 42 años

Hemos conseguido superar los años difíciles entre los 30 y los 33 y comenzamos los 35. Desde un determinado ángulo hemos llegado a la mitad de la vida. Hemos bajado al punto más bajo de nuestra encarnación y nos encontramos cerca de la tierra. Ahora comenzamos poco a poco a desligarnos de nuestro cuerpo para comenzar a ascender, a elevarnos. Las fases de vida superadas hasta ahora han sido como una gran inspiración del cosmos, de la naturaleza, de la educación, de los conocimientos, etc. Ha llegado el momento de sentirnos cómodos y seguros en nuestra profesión y en el entorno familiar. Las intenciones, el leitmotiv y las misiones que hemos traído del ámbito prenatal, las podemos realizar en la tierra cada vez más. Cada vez conseguimos en mayor medida trabajar desde dentro, desde nuestras aptitudes innatas y adquiridas. Y ahora somos capaces de encontrar el camino para seguir evolucionando. Las fuerzas crísticas que hemos retomado en el septenio anterior nos ayudan a desarrollar la auténtica fraternidad, tolerancia y respeto hacia la personalidad del otro.

Sin embargo, la fase vital en la que nos encontramos, tiene también un aspecto negativo: A esta edad podemos convertirnos en grandes egoístas y déspotas. En cualquier biografía existe el peligro de llegar a ser un pequeño Napoleón. (¡Napoleón se autocoronó a la edad de 35 años!) En esta etapa es imprescindible luchar contra el egoísmo, y también aquí nos ayudan la tolerancia y la actitud positiva hacia los demás. Rudolf Steiner apunta en muchas de sus conferencias hacia lo que sólo puede evidenciarse después de los 35 años: como ejemplo, una persona tiene capacidad de juicio cuando sus acciones e ideas se hacen útiles para el mundo. La recepción se convierte paulatinamente en una entrega y ofrenda para el mundo. Nuestra mente ya no está ocupada con nuestra construcción física y anímica. Ahora puede ir hacia el futuro con una creciente libertad.

La periodista americana Gail Sheehy llama a esta fase la crisis de autenticidad o la fase de desmitificación de nuestros sueños. Debemos desarmar la imagen ilusoria que nos habíamos hecho de nosotros mismos. Debemos preguntarnos: ¿Qué quedaría de nosotros si prescindiéramos de todos los papeles que estamos interpretando? La maduración de nuestra personalidad conlleva que ya no queremos vivir para las apariencias, sino para nuestro ser. En la relación de pareja no actúo por cumplir con mi deber en mi papel de hombre o de mujer, sino que actúo por amor. Tampoco me cuesta decir no. No hace falta que diga 'si' porque otros así lo esperen. A posteriori estaría a disgusto por haber hecho algo sólo porque las normas así lo exigen. Actúo desde mi convicción y mi autenticidad. Un pequeño ejemplo: a la edad de 26 a 28 años, al comienzo de mi trabajo en la consulta, me daba apuro encontrarme con mis pacientes haciendo compras en el mercado. Prefería mandar a mi asistenta a hacer la compra. Desde que cumplí 35, recuerdo que disfrutaba comprando en el mercado. Era un gran placer elegir las mejores frutas y verduras para mi alimentación. Ya no me preocupaba en absoluto encontrarme con pacientes. Había llegado a la autenticidad, al amor por la causa, fuese lo que fuese lo que pensaran de mí los demás.

Los masones expresan la demolición de la personalidad mal construida con el símbolo del martillo.

Ahora vivimos en una fase que Rudolf Steiner denomina la fase del alma consciente. Vemos las cosas de forma más clara y crítica. Existe el peligro de que nuestra vida se convierta en rutina y a menudo descubrimos en nuestro interior una sensación de vacío. Hace falta valor para convertir la 'crítica hacia fuera' en una 'crítica hacia dentro'. Cada uno debe preguntarse: ¿Cuáles son mis limitaciones? ¿Cuáles son mis aptitudes y mis posibilidades de actuación? De los 21 a los 28 años todo parece posible. Tal vez me case con un alcohólico estando convencida de que mi energía será capaz de quitarlo de la bebida. O persigo la idea de trabajar para un mundo ecológico, estando convencida de que los demás aceptarán y compartirán mis convicciones.

Ahora, en la presente fase, me veo fuertemente confrontada con mis limitaciones. No todo es posible, sólo puedo realizar ciertas partes de mí. No debo darle un valor exagerado a mi ser. "No yo, sino Cristo en mí" este descubrimiento se convierte cada vez más en una realidad espiritual.

Quiere decir, que por un lado tendemos a sobrevalorar nuestra personalidad y, por otro lado, hay muchas personas, sobre todo mujeres, que han pasado los años anteriores ocupándose de la familia y de la educación de los hijos, que piensan que no han aprendido nada y están sin profesión y que subestiman sus aptitudes creativas. En la fase vital de los 35 años hay por tanto una tendencia contraria, la de infravalorar las propias capacidades. Cada individuo en este momento está llamado a volver la mirada hacia atrás: ¿Qué intenciones he dejado atrás en cuanto a impulsos y deseos profesionales? ¿Cómo puedo retomar estos elementos?

Llegamos ahora a los 37 años, el tiempo del segundo nodo lunar. Aquí el impulso de empezar de nuevo se siente incluso con mayor intensidad que en el primer nodo lunar a los 18 ½ años. Se siente el impulso de dejar atrás el pasado para servirse de nuevos valores y escalas. Muchas mujeres ahora comienzan unos estudios o un trabajo. Los hombres a esta edad en ocasiones cambian de profesión para por fin poder trabajar en la realización de su misión vital.

Quien tiene la costumbre de observar sus sueños siente el impulso de cambiar algo en su vida. Y siente que ahora tiene la capacidad para hacerlo. También podemos citar a Erich Fromm, que ha introducido los términos del ser o tener para caracterizar los estados anímicos: se termina la fase del tener; *tengo* una mujer, *tengo* una familia, *tengo* una profesión, *tengo* un hogar, a veces hasta *tengo* una fábrica. ¿Pero tiene sentido todo esto? Tal vez a cambio haya perdido muchas cosas: el contacto con mis hijos, el contacto con mi mujer, la fidelidad a mis valores originales. A menudo siento estos conflictos internos y tengo la voluntad de cambiar algo. Se prepara el rumbo que le quiero dar a mi vida después de cumplir los 40 años.

La mayoría de las personas en esta fase se encuentran con la cuestión de la muerte. Comienza la degeneración física que se manifiesta en sueños sobre la muerte y en sentimientos de temor. Algunas expresiones características de esta fase son: "A veces creo que ya no voy a vivir por mucho tiempo." "Mi padre murió a los 42 años y yo tampoco pasaré de esta edad." También sucede que una mujer viene a mi consulta y me dice: "No sé qué me pasa, de pronto tengo miedo de cruzar la calle." A mi pregunta "¿Qué edad tiene?" responde: "Acabo de cumplir los 38." Las vivencias de este tipo reflejan el influjo y la experiencia de la muerte. Es como si el ángel de la muerte estuviera mirando desde el otro lado, desde el final del curso vital y señalara: Presta atención a todo lo que quieras hacer en los próximos años, a lo que no has hecho hasta ahora y a lo que quisieras llevar a la práctica.

C.G. Jung denomina esta fase la de la "gran muerte"; en lo anímico representa por un lado el abandono de la personalidad orientada hacia el exterior y por otro lado la disminución de las fuerzas físicas.

En la biografía de Tanga (Biografía 2), por ejemplo, a los 37 años germinó un nuevo interés espiritual, una semilla que su abuela había puesto en su más tierna infancia.

Escuchemos también el comentario de una mujer de 37 años:

Acabo de descubrir que soy la protagonista de mi biografía. He pasado toda mi vida buscando al héroe en mi exterior y ahora, gracias al curso de trabajo biográfico, me doy cuenta de que en realidad está dentro de mí misma.

La mujer hizo este comentario en la valoración de un curso de trabajo biográfico.

Los procesos degenerativos del organismo que suben a la consciencia desde el cuerpo físico causan la experiencia de la muerte arriba descrita. Además conllevan una sustancial apertura de la consciencia. Comenzamos a ver las cosas en su forma original. Ahora somos capaces de distinguir lo esencial de lo superfluo. A menudo tenemos vivencias espirituales: tal vez escuchemos el "canto del sol" al contemplar una puesta de sol, o de pronto comprendemos toda la vida al ver abrirse una flor. También puede hacerse más profunda la relación con otras personas. Somos capaces de superar nuestro egoísmo para percibir a la otra persona en su esencia. El 'pequeño príncipe' dentro de la otra persona se nos descubre en su grandeza. Cuando logramos comprender a una persona o una idea en su esencia, podemos serle fiel. Comienza una fase de gran apogeo en lo espiritual. Nuestras palabras poco a poco se llenan de experiencia y contenido vitales.

Por otra parte, en esta fase de la vida también existe la posibilidad de tapar el vacío interior. Se huye de sí mismo y se evita el trabajo interior mediante el consumo de alcohol o de cocaína. Muchas personas además se encuentran expuestas al peligro de caer en el materialismo, de querer poseer más y más, levantando por ejemplo una empresa tras otra y creyendo que el sentido de la vida consiste en la acumulación de bienes materiales.

A continuación la biografía de un hombre de 42 años que está en línea con nuestras observaciones acerca de las leyes del curso vital hasta los 42 años.

3.8 Biografía 5

Soy el tercer hijo varón de una familia de campesinos holandeses. Mis dos hermanos mayores también son varones y después de mí hay varios hermanos más. Hasta los 14 años me crié en Holanda. Cuando íbamos al colegio, seguía a mis hermanos arrastrando los pies. Les divertía mucho cuando en el camino me iba quedando atrás hasta, finalmente, encontrarme solo. Nuestra familia era católica y cada noche rezábamos el rosario en nuestra casa. En términos generales, nuestra infancia fue bastante feliz. Sin embargo, nuestra madre tenía poco tiempo para atendernos y teníamos que ayudar a nuestro padre en las tareas del campo.

A la edad de 14 años, toda la familia emigró a Brasil. Al emprender el viaje estrenamos ropa nueva. Resultó que debido al calor y las frecuentes lluvias estas prendas eran completamente inservibles en Brasil. Con 15 años cogí una hepatitis.

Tenía que arar con los caballos para plantar maíz y algodón, verduras y tomates. En Holanda sólo habíamos cultivado flores. Mi familia pronto compró un tractor, pero sólo podían utilizarlo mis dos hermanos mayores. Trabajamos varios años seguidos sin vacaciones. Con 17 años tuve una fuerte intoxicación por sustancias agrotóxicas y tuve que pasar un mes en el hospital con un problema renal.

A los 19 años salí a dar una vuelta con una camioneta y me retrasé un poco. A la vuelta, mi hermano se enfadó mucho y mi padre incluso le animaba: "Dale una paliza." Fue una experiencia muy dolorosa para mí. Siempre había una fuerte competencia entre los tres hermanos. Sin embargo, me llevaba muy bien con mi hermano más pequeño. Pero pronto abandonó la casa para estudiar en la universidad, con lo que yo perdí un amigo. Mi padre siempre protegía a los hermanos mayores, sólo prestaba atención al más mayor. Yo, en cambio, siempre tuve que luchar por mi propio espacio. Cuando mi hermano mayor se iba a casar, mi padre entró en el dormitorio la víspera de la boda —todos los hermanos dormíamos juntos— para despedirse de él. Le dijo que era su hijo más querido. Eso me dolió mucho.

Me casé a los 24 años, también mi segundo hermano ya estaba casado. Pero los tres seguíamos trabajando en la empresa de mi padre. Era una empresa familiar en una colonia holandesa formada por varias granjas. La ambición de mi padre era tener la empresa mejor y más grande.

Mi matrimonio iba bien, pero no teníamos hijos. Cuando tenía 28 años, adoptamos un niño y a los 30 años, una niña. Con 31 años me enamoré de una secretaria de la empresa. Se produjo una situación difícil puesto que mi mujer estaba muy celosa aunque nunca tuve relaciones íntimas. A los 33 años, decidimos adoptar un tercer niño para paliar nuestros problemas de pareja. Las tres adopciones eran como elegidas por el destino.

Debido a todas las dificultades me salió un melanoma que tuvo que ser extirpado. Poco después comencé un tratamiento antroposófico.

La empresa fue creciendo y nos especializamos en flores, sobre todo gladiolos y crisantemos. Hoy es una empresa con 700 empleados. Me gustan mucho las flores.

Con 37 años tuve un pequeño carcinoma de piel en la caja torácica. Desde los 35 años sentía una mayor libertad interior. También empecé a darle otro sentido y más valor a la vida. Cuando cumplí los 40, mi padre se retiró de la empresa y mi hermano mayor se convirtió en su nuevo presidente.

Sentía que como padre no me arreglaba muy bien con mis propios hijos, pero me esforzaba mucho. Puede que estas dificultades fueran debidas a que la relación con mi padre siempre *había estado en entredicho y me costaba mucho entrar en contacto con él.*

El primer curso de trabajo biográfico lo hice a los 41 años. La relación con mi mujer era cada vez más difícil. La antroposofía me interesaba más y más. Mi mujer había recibido una educación marcadamente católica. Ejercía un fuerte control sobre mí y los niños. Sentí la necesidad de trabajar más a fondo en mi biografía y comprender el curso de mi vida. Gracias a una conferencia pronunciada en el marco del un curso biográfico que se basaba en el libro 'Hermanos y hermanas' de Karl König llegué a conocer la situación vital del primer, segundo y tercer hermano. Entonces también se me clarificaron muchas cosas acerca de mi tercer hijo adoptado, con el que me identifico mucho. De esta manera me di cuenta de que podía introducir algunos cambios en nuestra relación. Más adelante asistí a un segundo curso sobre trabajo biográfico. Ahora veo con más claridad mi relación con mis hermanos mayores.

Con 42 años, de nuevo me enamoré muy intensamente y hasta pensé en separarme de mi mujer para empezar una nueva vida que me diera impulsos para mi vida futura. Pasé un año entero dándole vueltas a este proyecto, pero finalmente seguí fiel a mis principios y a mi familia. En el fondo sé que un cambio debe venir desde dentro y no desde el exterior.

3.9 La crisis alrededor de los 42 años

Los 42 años de vida marcan un punto de inflexión en la biografía humana. El desarrollo de los siguientes tres septenios, desde los 43 a los 63 años, depende en gran medida de lo que se ha conseguido transformar interiormente entre los 28 y los 42 años. Podemos calificar los 42 años como una crisis existencial. Sin embargo, es imposible fijarla para un año exacto. La fase crítica para algunas personas ya comienza al final de los treinta. Y otras personas la arrastran durante buena parte del siguiente septenio.

En mi propia biografía tenía la sensación de encontrarme en un largo túnel. Era consciente de que habría luz al final de ese túnel. Aún así tardé varios años, hasta los 45, en salir de este estado. Podemos describir la sensación en esta fase de la vida con dos vivencias muy gráficas:

Es como si la persona se sumergiera en un pozo profundo con la sensación de no poder volver a salir jamás. A menudo es necesario dejarse caer hasta el fondo para tomar impulso y conseguir el empuje suficiente para volver a subir. Cuando volvemos la mirada hacia atrás, nos damos cuenta que a lo largo de nuestra biografía siempre ha habido personas que nos han ayudado a salir de una circunstancia difícil. Sin embargo, a partir de ahora tenemos que saber salir por nosotros mismos de este tipo de situaciones. Por así decir, debemos tendernos una mano a nosotros mismos. Nadie nos ayuda a salir del pozo, sólo nosotros, lo que nos da cierta sensación de impotencia.

Otro símil: caminas por una selva tropical. El sendero va a través de la maleza, de arbustos espinosos, de lianas y otros obstáculos. De repente termina en la cima de una montaña. Allí por primera vez percibes el grandioso paisaje que te rodea y empiezas a comprenderlo como un todo. ¿Por qué el río de allí abajo es tan sinuoso? Porque atraviesa una gran llanura. Y allí se forma una enorme cascada. Puedes descubrir un sinfín de detalles de este tipo.

Debemos aprender a leer en este majestuoso paisaje desplegado a nuestros pies desde un punto de vista más elevado.

La crisis de los 40 de la que hoy tanto se habla se encuentra íntimamente relacionada con los valores y opiniones que la persona se ha formado en la fase anterior del alma consciente. En los hombres que se entregan por completo a su trabajo, su carrera profesional y su éxito, esta crisis se prolonga hasta bien entrados los cuarenta. Siguen persiguiendo el éxito y un estatus superior. Pero de este modo es imposible llevar a cabo la transformación que representa la tarea para la siguiente fase. A menudo conduce a una creciente insatisfacción o incluso a depresiones. La crisis alrededor de los 42 años podría equipararse a esta 'midlife crisis'. Como ya apuntamos, no hay que olvidar que esta situación se presenta más tarde o más temprano dependiendo de cada persona.

A las mujeres con éxito en lo profesional les sucede lo mismo que a los hombres de estas características. Sin embargo, las mujeres entregadas hasta este momento a la familia y los hijos, se ven especialmente afectadas por esta situación crítica. A menudo, la crisis las sacude con fuerza. Si hasta entonces se han visto oprimidas, pueden llegar incluso a una especie de rebelión feminista. Pero la gran tarea para el individuo consiste ahora en transformar sus asuntos personales y su situación vital desde el interior, lo que consideraríamos madurez anímica. Esta madurez debería alcanzarse a esta edad.

El autor de la biografía 5 percibe con claridad que la transformación debe venir desde dentro. Sin embargo, muchas personas no son capaces de reconocerlo. Sienten un gran vacío e intentan cubrirlo con trabajo, sexo u alcohol.

Es ahora a los 42 años que hemos alcanzado la madurez vital, la plena consciencia de nuestro Yo. Con 21 años sólo éramos parcialmente adultos, pero con 42 años lo somos del todo. La vida nos ha hecho madurar, los acontecimientos de nuestra vida han madurado como frutos cuando han sido transformados e integrados en nuestra personalidad. Esta madurez vital que hemos alcanzado, la podemos emplear cada vez en mayor medida en beneficio de otras personas.

Los procesos degenerativos del cuerpo que ya habían comenzado en la fase anterior aún resuenan en nuestra alma y podemos entrever el significado de lo que C.J. Jung denomina 'la gran muerte'. ¿Qué cosas merecen la pena ser reanimadas o incluso llevadas a germinar?

Los valores adquiridos entre los 35 y los 42 años en la fase del alma consciente se van asentando ahora. Nos resignamos ante los fallos que nuestros padres han cometido en la educación de sus hijos. Podemos perdonar a nuestros padres y llegar a entablar una nueva relación con ellos. Quien insiste en echar la culpa de todo a los padres y su educación, no ha evolucionado en la vida o se ha estancado en su desarrollo.

Rudolf Steiner dice que alrededor de los cuarenta años pasamos el umbral. ¿Qué significa 'pasar el umbral'? Trata de expresar que en el hombre surgen ahora espontáneamente experiencias de tipo espiritual. Ello se debe a que se liberan fuerzas vitales que hasta entonces estaban ligadas a los órganos. A partir de los 35 años, el Yo comienza a separarse de las fuerzas orgánicas a las que ha perfilado y conformado. Estas fuerzas llegan a nuestra consciencia y pueden sobrepasarnos. Hoy día es importante que crucemos este umbral de forma cada vez más consciente. Con una frecuencia creciente, muchas personas tienen vivencias del umbral, no sólo en esta fase de la vida, sino también en otros años. Si no se está preparado para afrontar estas vivencias, pueden causar desequilibrios psíquicos y trastornos mentales. En cambio, si somos capaces de encajarlos de un modo adecuado, pueden convertirse en una lección para la vida. Además pueden probarnos la existencia de un mundo espiritual.

La siguiente biografía puede mostrarnos las particularidades y algunos de los aspectos característicos de la fase entre los 35 y los 42 años. Está redactada por una mujer de 57 años.

3.10 *Biografía 6*

Nací en el interior del Estado de São Paulo. Mi padre era brasileño, mi madre descendiente de españoles. Mi padre era jefe de policía y a veces me llevaba en su motocicleta. Soy la tercera de una familia de cuatro hijos. Tengo un hermano mayor y dos hermanas. Mi madre tuvo siete abortos después del nacimiento de su segundo hijo, luego nací yo. Con nueve meses ya sabía andar. Teníamos una casa grande con muchos animales, monos, cocodrilos, etc. Con tres años y medio tuve un proceso diarréico.

Con cuatro años empecé a ir al jardín de infancia católico. Defendía a mi hermano mayor que era más débil que yo. Mi padre tenía otras mujeres y a menudo vi llorar a mi madre. Con unos seis años acompañé a mi padre a pescar y me caí al agua. Recuerdo que mientras me iba hundiendo, tuve una vivencia de claro-oscuro.

A los siete años empecé el colegio. Era una buena estudiante. No me gustaba jugar con muñecas, les arrancaba el pelo para convertirlas en hombres. Con nueve años tuve mi primer amor platónico hacia un niño del vecindario. El mismo año también me quitaron las amígdalas. Antes había pasado el sarampión. A la edad de diez años nos fuimos a otra ciudad. También allí vivíamos en una casa grande y le ayudaba mucho a mi madre a hacer galletas y conservas. En la nueva ciudad tuve que repetir un año de colegio. De aquel tiempo recuerdo que contemplaba las flores haciéndome preguntas como: ¿De dónde viene el olor y el color de las flores? ¿Cómo se forman las estaciones del año? Constantemente me comparaba con mi hermana mayor. Con diez años me vino la primera regla.

Las vacaciones siempre las pasábamos en granjas. Con 13 años empecé a jugar al baloncesto. Mi padre me lo prohibió, pero me escapaba a escondidas por la ventana. Un día mi padre escuchó mi nombre en la radio cuando participaba en un campeonato, lo que condujo a que finalmente me dejaran jugar. Con 14 años empecé a hacer teatro y también escribía pequeñas obras, cosa que mi padre también me prohibió. En la misma época pasé la varicela.

Participaba en el movimiento juvenil católico y en grupos evangélicos. Además editaba un periódico. Quería acercar Cristo a la gente. En varias ocasiones me enamoré de alguno de mis profesores. En esta época me fascinaba la teoría de los átomos. Además me interesaban las estrellas y la filosofía. Con 17 años tuve la primera vivencia de la muerte. Primero murió mi amiga y poco después un amigo. Estas pérdidas me dolieron mucho e hicieron que en mi interior surgiera la pregunta por la muerte.

Ya a los 14 o 15 años, pero con especial intensidad a los 18 años percibía mis músculos, los sentía con mucha intensidad. Me interesaba la gimnasia y el movimiento en todas sus formas. En el mismo años, a los 18 años, pasé las paperas. Coincidiendo con esta época, mis padres se mudaron a São Paulo y yo me quedé en el interior del país. Jugaba en un equipo de baloncesto llamado 'La pantera negra'. Cursaba mis estudios con mucha dedicación y me matriculé en siete asignaturas en un curso. Con 19 años también me mudé a São Paulo. Al mismo tiempo me dio una fuerte alergia.

Mi intención era estudiar filosofía, pero mi profesor me lo desaconsejó recomendándome en su lugar estudiar en la escuela de deportes. Tuve que pasar un examen de ingreso del que también formaba parte la natación. Pero yo no sabía nadar. A pesar de ello salté a la piscina y ¡sabía nadar! Por la mañana acudía a la escuela de deportes, por la tarde impartía clases particulares y por la noche practicaba mis propios deportes. Viajaba mucho con el equipo deportivo. Durante este periodo escolar me gustaba mucho la anatomía. Entretanto ya había cumplido los 21 años.

Entre los 21 y los 27 años tuve una vida muy movida. Hacía viajes y torneos con el equipo de baloncesto. También impartía clases de deporte para mujeres y niños enfermos. Económicamente me independicé de mis padres. Participé en muchos campamentos vacacionales. Con 17 años me enamoré de una chica siendo monitora deportiva en una colonia de vacaciones, pero pronto olvidé este asunto. Con 24 años recibí mi diploma en la escuela de deportes. Después fui monitora de baloncesto en la Escuela Técnica. Allí siempre luchaba por la justicia. Más tarde también debía dar clase en la universidad, pero nunca ocupé el puesto.

Después dejé atrás a todos mis amigos y también dejé de jugar al baloncesto. Me trasladé a otra ciudad en el interior del país donde mantuve muchas amistades con campesinos. Aprendí a montar a caballo y empecé a fumar. De nuevo fui invitada a un campamento vacacional donde me enamoré de un sacerdote. Con 27 años volví a mi ciudad de nacimiento. Fue entonces cuando me rompí dos costillas montando a caballo. En mi ciudad natal seguí dando clases de deporte y me enamoré de una alumna. Todo el mundo se distanció de mí llamándome lesbiana. La ciudad entera hablaba de mí y me calificaba de lesbiana. En poco tiempo perdí 20 kilos. No busqué consejo de nadie.

Cuando me rompí las costillas, tuve fuertes dolores y un día sentí que había abandonado mi cuerpo. Se me aparecieron un hombre mayor con barba y una enfermera con instrumental como para una operación y me curaron. Después de un tiempo se apoderó de mi una gran desesperación y quería matarme a mí misma o matar a los demás. De nuevo se me apareció el viejo con barbas y me aconsejó serenidad, amor y perdón. En este tiempo se me apareció una mano con una rosa. También me habló un ser diciéndome que la rebelión de los demás frente a mí era consecuencia de encarnaciones anteriores. (Se corresponde con la figura 5)

Comencé una relación con una chica que duró siete años. De vez en cuando la visitaba en São Paulo.

Con 31 años cayó en mis manos el libro 'La Ciencia oculta'. Lo leí con gran interés. Me ocupaba de un niño minusválido con el que me unía un profundo sentimiento. Esta ocupación me salió a consecuencia de un campamento de vacaciones en el que también había niños disminuidos. Recibí una oferta para ir a un Hogar Camphill durante un año. La acepté. Después de volver, trabajé dando clases de gimnasia tanto a niños como a adultos. La relación con mi amiga continuó.

Con 33 años tuve una vivencia de otro ser dentro de mi. Me hablaba desde mi interior: 'Soy aquel que estaba en el vientre de tu madre. Vengo para ayudarte.' Este ser me acompañó durante un año entero, hasta que cumplí los 34 años. Entonces dijo: "El tiempo pasó, ahora ya eres capaz de encontrar el camino tu sola". Con 34 años tuve una hernia discal. El médico quiso operarme pero conseguí curarme a mi misma con gimnasia.

Entre los 34 y los 35 años empecé a dar clases en la escuela Waldorf de São Paulo. Trabajé allí dando clases durante tres años y medio. Con 35 años también empecé un tratamiento antroposófico en la Clínica Tobías. Poco después me sometí a una operación de hemorroides. Al mismo tiempo, comencé una amistad con una chica que se prolongó durante cuatro años hasta que se fue a Alemania. Fue una persona muy importante en mi vida. Era muy sincera y muy valiente.

Con 36 años, fundé una colonia de vacaciones a las afueras de São Paulo. Allí dediqué mucho tiempo a las labores y trabajé con caballos, plantas y árboles. Pasé allí todos mis fines de semana. Durante la semana continué dando clases en la escuela Waldorf. Además seguía ejerciendo de profesora de gimnasia. Además fundé un grupo de estudios antroposóficos. Luego me peleé con los demás maestros y dejé la escuela. Pasé a dar clases en un colegio estatal por la mañana y por la tarde.

Alrededor de los 37 años oí de nuevo una voz que me dijo: "Tienes tres caminos. No dejes que intervengan los sentimientos. Ten cuidado en abrir la puerta adecuada para que tu vida

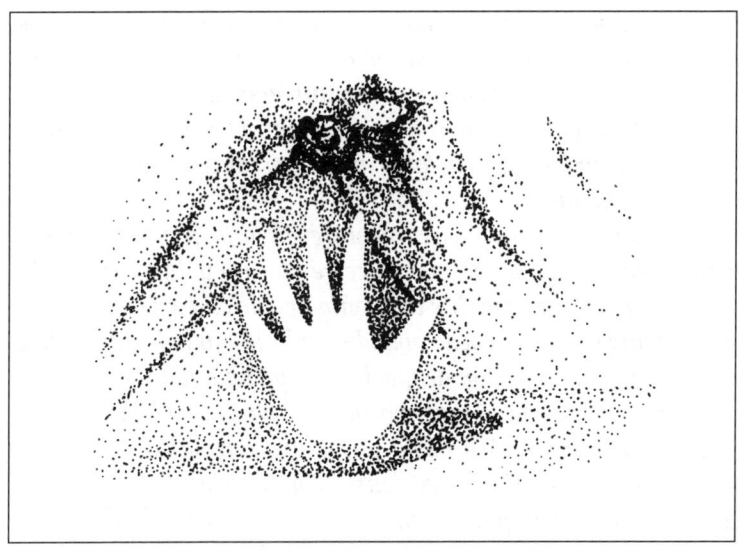

Figura 5

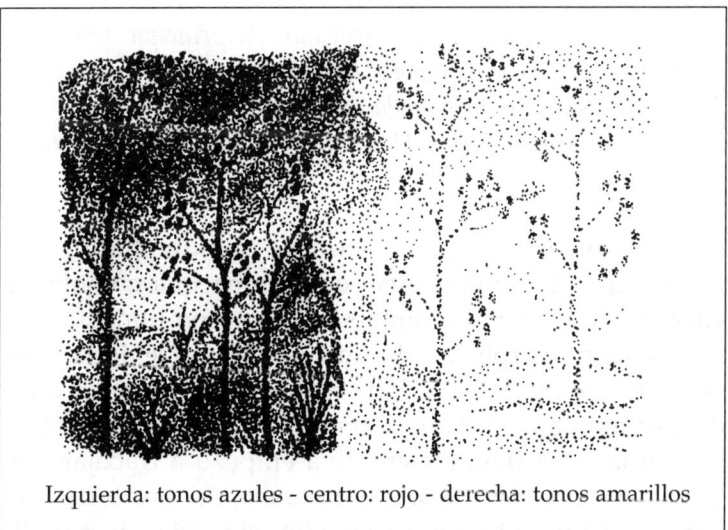

Izquierda: tonos azules - centro: rojo - derecha: tonos amarillos

Figura 6

tenga sentido." En aquel momento me encontraba en una fase difícil. A los 39 años de edad me inscribí en un curso de psicomotricidad que se impartía en la universidad. En esta época también trabajaba mucho con música. Entre los 39 y los 40 años perdí a mi amiga que como ya mencioné más arriba, se fue a vivir a Alemania.

A mediados de los cuarenta entré en una profunda crisis. Abandoné la colonia vacacional, cerré mi casa y durante un año fui incapaz de trabajar. Me di cuenta de que en varias ocasiones me encontraba en el coche abandonando la ciudad y dejándola atrás. Tenía la sensación de que la vida ya no tenía sentido y no tenía ganas de nada. Al mismo tiempo sentía una gran inquietud en mi interior. Allí había una gran contradicción entre el sentir y el pensar. De nuevo consulté a mi médico, pero pidiéndole que no me ingresara en una clínica. La crisis duró seis semanas y conseguí salir yo sola de ella. A lo largo de ese año, a veces iba sola a la colonia vacacional. Con 42 años advertí que mi cabeza poco a poco volvía a ser capaz de encauzar y ordenar las cosas. De nuevo empecé a trabajar. Al principio tenía que obligarme un poco. Tampoco fue fácil encontrar una tarea docente puesto que en aquella época había muchas corrientes políticas en la universidad. De esta fase de mi vida data el dibujo "La división" (figura 6).

Conocemos otro septenio más de la biografía de esta mujer. En este tiempo puso en marcha una colonia de vacaciones acogiendo también a niños con minusvalías. Este trabajo se prolongó durante dos años. Debido a dificultades en sus relaciones personales fueron años muy duros para ella. Al inaugurarse en São Paulo una escuela diurna de pedagogía curativa empezó a trabajar allí. Entonces tenía 46 años. Ahora trabaja sobre todo con niños paralíticos haciendo con ellos ejercicios de movilidad. La vivencia de sus músculos en sus años de juventud se han transformado en un nuevo proyecto de vida.

En la biografía de esta mujer se percibe un fuerte impulso de la voluntad. La autora tiene un temperamento colérico que se manifiesta como fuerza de voluntad, pero que al mismo tiempo actúa como origen de muchos conflictos. Otra fuente de conflictos son sus inclinaciones homosexuales que provocan situaciones difíciles. En su vida hay varias vivencias sobrenaturales del umbral que a la edad de 41 años la llevan al borde de una enfermedad psíquica. Sin embargo, es capaz de superar esta crisis por si misma. En un plano externo tiene que enfrentarse con dificultades a escala profesional que finalmente la conducen a su verdadero impulso vital, a su verdadera misión: el trabajo con los niños paralíticos. La vivencia de sus propios músculos se transforma en el trabajo con estos niños paralíticos. Aquí observamos una clara simetría en la biografía. En un capítulo más avanzado de nuestro libro volveremos a analizar como la fase de los 14 a los 21 años encuentra una simetría en la fase entre los 42 a los 49 años.

4
De los 42 a los 63 años: "La plenitud del hombre" Desarrollo espiritual

Hemos llegado al punto de ocuparnos de la gran fase del desarrollo espiritual, o sea, del período comprendido entre los 42 y los 63 años. Muchas personas creen que en este tiempo deben encender un gran sol espiritual. Sin embargo, según nuestra experiencia es mejor encender sólo una pequeña luz, como por ejemplo una vela, y procurar que esta no se apague. Una sola vela o incluso una cerilla puede iluminar toda una estancia oscura. Si pretendemos conseguir demasiado, estamos expuestos a fracasar por completo. Utilizando otra imagen, podemos decir que los que suben demasiado en esta fase de la vida, sufrirán una caída mucho más dura.

El tiempo entre los 42 y los 63 años lo podemos denominar la "fase de la culminación del hombre". Durante estos tres septenios maduran los frutos de nuestra vida. Se los regalamos al mundo y a nuestro entorno. Con mucho gusto entregaríamos estos frutos, puesto que nosotros mismos tal vez no seamos capaces de consumir más de cuatro o cinco frutos del árbol. Pero ¿cómo llevar a cabo esta tarea? ¿Se los entregamos a personas que no tienen hambre? ¿Dejamos que se pudran? No. Tenemos que despertar interés y crear una demanda de los frutos; puede que tengan el punto óptimo de maduración. En cuanto hayan despertado el interés de los demás, serán recogidos sin más y consumidos con gran satisfacción.

Nuestras fuerzas, que en parte se desprenden de los órganos, las podemos poner al servicio de nuestra consciencia. Se convertirán en nuevos órganos sensibles espirituales. Si lo logramos, estaremos camino de la sabiduría. En lo que sigue, veremos cómo a lo largo de los próximos tres septenios se desprenderán las fuerzas de los tres sistemas: 1º del sistema nervioso y de los sentidos, 2º del sistema rítmico (corazón y pulmón) y 3º del sistema metabólico y de extremidades, y que éstas pueden ser metamorfoseadas en nuevas capacidades. En esta fase solemos haber alcanzado nuestras metas personales y podemos entregarnos cada vez más a las metas de la humanidad — siempre y cuando seamos capaces de escuchar las preguntas y necesidades interiores.

El cuento de la "Madre Nieve" puede darnos unas indicaciones para esta fase de la vida: La hijastra se gana la vida trabajando. Hila hasta hacerse sangre en las manos y salta al pozo para recuperar el huso. Llega al prado y atiende las cuestiones que se le plantean: El pan está horneado y quiere ser sacado del horno; las manzanas maduras necesitan ser recolectadas del suelo; los edredones de pluma de la Madre Nieve quieren ser sacudidos. La añoranza de la tierra lleva a la hijastra a desear volver a casa. Allí recibe su recompensa y se convierte en la Doncella de Oro. Su personalidad puede brillar con luz y sabiduría. La hija perezosa, sin embargo, salta al pozo sin haber superado un camino de esfuerzo y trabajo. Escucha las peticiones pero no las cumple o lo hace con dejadez. Enseguida quiere recibir su recompensa. Pero lo que le llega es una lluvia de pez.

Si no utilizamos las fuerzas que se desprenden de los órganos, éstas se volverán en contra de nuestro propio organismo. Se presentan enfermedades, sobre todo ulceraciones (hasta degeneraciones cancerosas). O nuestra alma no puede desplegarse en la luz y se vuelve oscura. Todo ello puede conducir a estados depresivos. Estamos ante una especie de fenómeno de "Doncella Sucia".

4.1 De los 42 a los 49 años: Nueva creatividad y nueva observación.

Seguro que todos conocemos la exigencia que caracteriza a los 40 años: "La vida comienza a los 40." Pero ¿qué es lo que comienza?" A los 40, nuestro Yo ligado a los órganos inferiores comienza a desprenderse. Esto se refiere tanto a nuestros órganos reproductores como a los miembros y al sistema metabólico. Ya no somos capaces de digerir un gran chuletón de la misma manera que lo hacíamos en épocas anteriores. Nos pesa en el estómago - una señal de que han disminuido los jugos gástricos en nuestro aparato digestivo. Los hombres a menudo se quejan de que sus músculos ya no son tan fuertes y de que sus piernas se vuelven algo más delgadas. En muchos de ellos surge el deseo de comenzar a practicar algún deporte para contrarrestar la pérdida de masa muscular. Al mismo tiempo estamos tratando con una fase de sexualidad más intensa, puesto que cuando las fuerzas se retiran del organismo, se alcanza una mayor consciencia de estos órganos. En las mujeres a menudo surgen enfermedades ginecológicas en la zona genital como por ejemplo miomas o incluso cánceres de útero. Las fuerzas de estos órganos y de nuestros músculos son las mismas que utilizamos ahora de modo transformado para una nueva creatividad. "La vida comienza a los 40": esto quiere decir que hace falta desarrollar una nueva creatividad que cada persona tiene que encontrar a su manera. Para muchas personas significa desarrollar nueva creatividad en el terreno profesional.

La pregunta que debemos plantearnos en esta época a grandes rasgos es la siguiente: ¿Qué dones, talentos etc. hemos enterrado en años anteriores y qué podemos volver a sacar a la superficie para transformarlo en nueva creatividad? O podríamos preguntarnos: ¿Cuales son los nuevos impulsos de fuerza que surgen en mi interior? Vivimos en una fase en la que aún estamos muy activos y en la que todavía podemos desarrollar muchas nuevas iniciativas. Tal vez transformemos nuestra experiencia vital en una actividad docente para otras personas.

A menudo el hombre teme perder su posición en la empresa y en la sociedad. El resultado puede ser una prolongación del horario laboral y una disminución del tiempo libre. Una y otra vez incluso observamos que el hombre entorpece el traspaso de información y conocimientos a los empleados más jóvenes de la empresa en lugar de fomentarlo. De esta manera conserva el poder y su estatus. El hombre que ha desarrollado poco su parte anímica, su parte femenina (el "ánima"), estará ahora más predispuesto a los excesos. Percibe a su mujer como una bruja que le impide mostrar sus sentimientos. Constantemente está ocupado buscando nuevas aventuras para sustituir con supuestos éxitos externos lo que no ha logrado en el plano interior.

En esta época, después de cumplir los 40 años, se llevan a cabo muchas separaciones, en parte por las razones arriba indicadas pero en parte también porque el hombre sucumbe a la ilusión de una sexualidad incrementada que surge desde sus órganos sexuales. No en vano existe el jocoso comentario: "Un hombre de cuarenta años cambia a su mujer de su misma edad por dos de veinte, pero al final no puede con las dos".

¿Qué sucede con la mujer? A menudo se vuelca en una frenética actividad ocupándose de sus hijos o nietos. Con ello intenta llenar el vacío existente en la casa, puesto que los hijos en parte ya la han abandonado. Muchas mujeres sin embargo aprovechan la calma resultante para por fin hacer algo por ellas mismas. Este hecho se refleja de forma muy clara en la mujer de la biografía 7.

Si la mujer trabaja, en el ámbito laboral se enfrentará a los mismos problemas que el hombre. También ella puede subir de estatus o puede volverse una persona frustrada, desagradable e insufrible de la que los demás dicen: "Ojalá que se le pase pronto la menopausia". Una mujer que durante años se ha sentido oprimida por su marido y presionada por la casa y los hijos puede desarrollar ahora una actividad insospechada volviendo a sacar a flote su lado masculino, su "ánimus" reprimido. Por supuesto que también en este caso es importante ver de qué forma se lleva a cabo el citado desarrollo. La mujer puede darle demasiado peso a su parte masculina y convertirse en una feminista que lucha contra los hombres. O por lo contrario invierte su potencial liberado en una tarea con sentido.

Muchas mujeres sienten el agravante de estar preocupadas por su atractivo y su belleza física. Para muchas es un verdadero problema. Algunas llegan al extremo de someterse a una operación para recuperar sus trompas ligadas y volver a tener otro hijo. Pero con toda seguridad es el camino equivocado. La mujer debería llegar a convencerse de que ahora se trata de dar a luz sus "hijos espirituales". También debe preguntarse en qué campo puede desarrollar esta nueva creatividad.

En el capítulo anterior hemos comparado la situación alrededor de los 40 años con la escalada de una montaña. Cuando hemos alcanzado la cima podemos ver el panorama del paisaje que está a nuestros pies. Podemos percibir una nueva organización y reconocemos el orden y la estructura del paisaje. Lo mismo puede sucedernos después de los 42 años con el paisaje de nuestra vida. Por esta razón, la fase vital en la que entramos podría denominarse de la "nueva observación". Afrontamos un nuevo proceso de aprendizaje: Debemos aprender a ver nuestra vida desde una perspectiva superior comprendiendo por otra parte de forma inmediata los fenómenos, las situaciones y los retos de la vida externa.

Al mismo tiempo estamos ante una nueva dificultad: por un lado queremos transmitir lo observado a los demás y por otro lado estamos ante una generación que tal vez tenga una edad comprendida entre los 21 y los 28 años que quiere aprender por experiencia propia. Sobre todo en la fase de los 21 a los 28 se comenten muchos errores que son los que posteriormente conforman nuestra experiencia vital. La persona de más edad es capaz de dominar la situación pero no tiene mucho sentido cuando le dice al más joven: "¿No ves las consecuencias de tu modo de actuar?"

Por lo tanto nos encontramos ante la pregunta: ¿Cómo podemos transmitir lo que vemos a los más jóvenes? Por un lado queremos dar y por otro tenemos que reprimirnos y esperar a que los jóvenes acudan a preguntarnos. Después de los 42 comienza la fase en la que se desarrolla la sabiduría. Sabiduría también significa saber mantenerse al margen hasta que surge una pregunta. Se puede tener una actitud de ángel de la guarda hacia los más jóvenes limitándose a intervenir sólo en aquellos casos en que los fallos que se cometan desemboquen en situaciones de graves consecuencias. Si queremos ser de ayuda para los jóvenes debemos desarrollar un nuevo estilo directivo. Como ejemplo, de cuando en cuando suele ser muy útil llevar a cabo una valoración del trabajo realizado. Para ellos es muy importante ver de vez en cuando los resultados de su trabajo. Eso les ayuda a consolidar su Yo. Es importante que su trabajo sea percibido y valorado de una forma sana y que los más jóvenes lleguen a una mayor objetividad con ayuda de esta valoración. De este modo, un buen jefe puede ser una bendición para la generación más joven.

Un nuevo estilo directivo también conlleva delegar más tareas a los más jóvenes, a personas entre 35 y 42 años que ya cuenten con experiencia profesional. Además debemos introducir a otras personas en nuestro propio ámbito de tareas y formarlas en él. Un empresario que no comienza a buscar un sucesor puede estar seguro de que su empresa se hundirá.

Un hombre de 48 años que asistió a uno de nuestros cursos biográficos advirtió que hasta ese momento no se había preocupado en buscar un sucesor para la dirección de su negocio. Tenía una empresa con más de 400 empleados. El aún era el motor del negocio y se ocupaba de todo. Durante el curso, describiendo esta fase de su vida, reparó en la situación de su empresa. Quiso ganar para la empresa a su hija de 20 años que acababa de comenzar la carrera de arquitectura. Asimismo intentó encomendarle tareas de mayor responsabilidad a la hija menor que ya trabajaba en la empresa en calidad de secretaria. Poco después, esta hija asistió a uno de nuestros cursos debido a la presión que le causaba tener que soportar demasiada responsabilidad. Por supuesto que esta no es una solución válida para este tipo de situaciones. Hay que tener el cuidado de ocuparse a tiempo de la localización de colaboradores de edad más madura, por encima de los 35 años, para introducirlos en la sucesión y formarlos para esta tarea. No es suficiente ser un miembro de la familia, lo que más cuenta es la preparación adecuada.

En este tipo de situaciones también es importante vigilar el equilibrio: cuando las personas entregan sus tareas demasiado pronto pueden caer en un vacío sin saber qué hacer con sus vidas. Y si trabajan hasta una edad avanzada sin tener tiempo para sus hobbies, más adelante no sabrán cómo llenar sus ratos de ocio. Hay que encontrar la justa medida, pero teniendo en cuenta que cada uno tiene su propia medida.

Otro participante de nuestros cursos de una edad de cincuenta y algunos años había entregado sus tareas pronto y con mucho éxito, por lo que sólo tenía que pasar por su empresa una vez a la semana. Ahora tenía que enfrentarse al vació que se había apoderado de su vida. Finalmente surgió la oportunidad de ayudar a uno de sus yernos en la construcción de una granja. Acabó levantando su propia granja que le sirvió para ejercer su hobby y realizar un viejo sueño.

Sin embargo, cuando ya se tienen más de 60 años y se está al frente de una gran empresa de más de 3.000 empleados y no se ha buscado y formado en su momento a la persona adecuada para la sucesión, el problema que se plantea es evidente. Entonces la única posibilidad es la de recurrir a una empresa de consultores dedicada a la formación de personal de gerencia. Hoy día los hijos suelen desear escoger su propio camino. El afán de individualización es cada vez más acusado y los jóvenes, a no ser que tengan un talento especial, suelen tener dificultades a la hora de hacerse con el negocio familiar y llevar a cabo los cambios oportunos para llevarlo hacia el futuro.

4.2 De los 49 a los 56 años: Nueva capacidad de escucha

La fase entre los 49 y los 56 años es un tiempo en el que las fuerzas se van retirando del sistema rítmico (del pulmón y del corazón). Ahora es de fundamental importancia encontrar un nuevo ritmo. Si no lo logramos y seguimos funcionando a la velocidad de siempre, estos órganos se dañarán. Se presentará un infarto de miocardio o un problema en los órganos respiratorios. Al no haber hecho los descansos oportunos para hacer una retrospectiva de la vida, se está obligado a una parada que en realidad no se deseaba.

Bernard Lievegoed denomina este tiempo como la "fase moral". También podríamos llamarla la "fase ético-moral". Para explicar que el corazón es nuestro órgano de la consciencia o de la moralidad, vamos a citar un pequeño ejemplo: en los países subdesarrollados hay infinidad de niños mendigos que acuden a pedirte limosna: tu principio es no dar limosna porque emplean el dinero para comprar drogas o algo por el estilo. Por lo tanto, te niegas decididamente y sigues tu camino. Te miran con sus expresivos ojos, te das la vuelta y tus ojos cruzan su mirada. De pronto "te rompe el corazón" seguir adelante por lo que al final les das una limosna. Ha hablado tu corazón venciendo a tu intelecto.

¿Qué posibilidades se nos abren ahora para comprender mejor el mundo? ¿Podemos desarrollar nuevos órganos de percepción? En esta fase de nuestra vida ya no nos preocupa tanto nuestro destino individual sino que tomamos cada vez más consciencia del destino de la humanidad en general. El órgano de la cordialidad —el corazón— se despierta y nos lleva a sufrir y a sentir con toda la humanidad.

Veamos al respecto otro ejemplo concreto y auténtico: Se trata de un hombre joven casado desde los veinte años y empleado en una empresa de distribución de abonos químicos y productos agrotóxicos. Su afán es formar una familia, construir una casa y tener un coche. Con 35 años es jefe de un departamento de la empresa, con algunos vendedores a su cargo por cuyo bienestar se preocupa: vela por que consigan su hogar, su coche y demás derechos. Cuando este hombre tiene alrededor de 55 años, se ha hecho con una serie de conocimientos ecológicos y empieza a preocuparse por el uso indiscriminado de herbicidas y abonos químicos en Brasil. Su preocupación va en continuo aumento. Ya no está a gusto vendiendo este tipo de productos. En los últimos años ya se había comprado una granja. Allí experimenta con el cultivo ecológico. ¿De qué forma puede cambiar las cosas? Es casi imposible abandonar por completo su profesión para empezar otra nueva. ¿Qué es lo que hace entonces? Busca productos biodinámicos y abonos naturales y comienza a comercializarlos paralelamente. Poco a poco esta rama del negocio pasa a ocupar el primer plano; la meta del hombre es llegar algún día a renunciar por completo a los productos cultivados con abonos químicos. Su consciencia se ha hecho notar; y es importante escuchar la llamada del corazón que viene del interior y no acallarla con las ansias de poder. En este ejemplo vemos el paso escalonado de una ocupación a otra.

En esta fase de la vida es muy importante adoptar una actitud de bendición. Entonces nos convertiremos en lo que puede llamarse un "padre universal" o una "madre universal". Los hijos ya se han hecho mayores, la mayoría de ellos incluso viven fuera del hogar familiar. A menudo podemos observar que nuestros propios hijos no buscan nuestro consejo pero que si lo hacen los amigos de nuestros hijos. Se percibe que el ser madre o padre se extiende a toda una generación de jóvenes. Nuestra casa puede convertirse en un hogar que acoge a los jóvenes y les permite ir y venir con alegría y sin presiones.

Ahora también es la mejor edad para dedicarse a la política en el verdadero sentido de la palabra para intentar conseguir algo por el pueblo, la nación y la humanidad.

A menudo esta fase de los 50 a los 55 años es un período de especial armonía que termina en una difícil transición. Esto se debe a que la persona no sólo entra en un nuevo septenio sino porque a los 56 años se presenta el tercer nodo lunar. ¿Qué puede sucedernos en esta fase? También aquí citaremos un caso concreto a modo de ejemplo: Un hombre de unos 55 años había trabajado toda su vida en una empresa multinacional colaborando en la fundación de muchas filiales por todo el territorio brasileño. Debido a su intensa vida profesional había dedicado poca atención a su mujer y sus cinco hijos. Cuando tenía cincuenta y pocos años empezó a darse cuenta de que cada vez se encontraba más solo. Su mujer y sus hijos ya no le comprendían y él a su vez no les comprendía a ellos. Se dio cuenta que había desatendido a su familia. Quería recuperar lo que había dejado atrás pero fue casi imposible. En la playa construyó una casa grande en forma de estrella de cinco puntas en la que había una vivienda para cada hijo. En el centro de la casa se encontraba una gran sala de fiestas y una sala de estar para todos. Pero el hombre tuvo que pasar por la amarga experiencia de que sus hijos nunca quisieran ir a esa casa. No le quedó más remedio que prestarla para fiestas benéficas y de Navidad. Él se fue separando de su empresa pero no logró una transición armoniosa. Siguió sufriendo de hipertensión y problemas cardiacos. El hombre acabó marchándose al Amazonas para crear plantaciones de cacao y otro tipo de cultivos. De nuevo se dedicó a labores de pionero. Por desgracia no hemos vuelto a saber de él. Sin embargo sabemos que sus problemas de corazón y de circulación se han agravado. Tampoco ha tomado un giro positivo la relación con su familia.

Veamos ahora la descripción que de su vida hace una mujer de 62 años de edad:

4.3 Biografía 7

Una paciente que hoy tiene 62 años manifiesta que sus padres siempre la consideraban el patito feo. Sus hermanos recibían un trato de preferencia. A los 14 años ya tuvo que empezar a trabajar para ganarse la vida aunque seguía viviendo en el hogar familiar. Con 21 años se casó con un médico. No sentía ganas de comenzar una carrera universitaria a pesar de que su marido la animaba a hacerlo. En su cuarto septenio dio a luz dos hijos. Aparte de la educación de los niños llevaba una tienda de discos y cassettes para contribuir algo a la economía familiar. A los 40 años, su marido enfermó de una psicósis maníaco-depresiva. Poco después, ella desarrolló un cáncer de tiroides. Se encontraba al borde de la muerte. Después de un tratamiento de radioterapia se recuperó poco a poco. A sus 42 años comenzó a estudiar Bellas Artes. Organizaba exposiciones, tenía éxito y ganó varios premios. Sin embargo, su marido no encajaba bien su éxito por lo que cesó durante una temporada en sus actividades. Después comenzó a fabricar telares y a enseñar a las mujeres del campo a tejer. Creó diseños que las mujeres seguían para realizar su trabajo y en tres lugares distintos en el interior del estado de Minas Gerais fundó una pequeña industria textil. Las mujeres tejían según sus encargos y ella recogía los tapices para venderlos.

Sin embargo tuvo que encajar varios duros golpes del destino. Su hijo era drogadicto desde los trece años. Con veinte años tuvo un grave accidente de tráfico. Como consecuencia estuvo paralizado temporalmente y necesitó su ayuda durante dos años hasta recuperar la movilidad. Después convivió con una mujer drogadicta; tuvieron hijos y acabaron casándose. Atravesó tres fases maníaco-depresivas e intentó quitarse la vida en tres ocasiones. Su madre siempre era la única que permanecía a su lado para ayudarle a salir de la crisis. Su hija también se unió a un hombre drogadicto y tuvo dos hijos que pretendía dejar con la madre para poder trabajar.

Así nuestra paciente tropezó una y otra vez con las tribulaciones del destino y le costó mucho seguir con su propio trabajo. Cumplidos los 62 años desarrolló un cáncer de vejiga. Entretanto ha mejorado y se encuentra en una fase vital en la que, junto a su marido de 67 años, por fin quiere darle forma a su propio destino. Durante todos los años anteriores había logrado seguir desarrollando su creatividad en la fábrica de tapices. Su marido atravesó otra fase maníaco-depresiva. En su fase maníaca lego todo el mobiliario de su consulta a una joven compañera de profesión. Desde luego no le facilitaba la vida a su mujer.

Nuestra paciente goza de un extraordinario valor para afrontar la vida. Ella considera que por fin ha conseguido ser algo menos agresiva para pasar los restantes años de su vida con mayor tranquilidad. Tuvo una educación protestante y observa los textos de la Biblia. Además está camino de la comprensión de una dimensión espiritual más global.

En esta biografía vemos con claridad los elementos que por un lado conforman el desarrollo general y las crisis que aparecen en las distintas fases de vida de cualquier persona y los que, por otro lado, tienen un carácter más individual integrando el destino individual de la persona. Los septenios de esta mujer están fuertemente marcados: con catorce años comienza a trabajar, con 21 se casa, entre los 21 y los 28 años da a luz sus dos hijos. Después aparecen los golpes externos del destino, como por ejemplo la enfermedad de su marido. Esta vivencia fue tan traumática que debe haber originado su cáncer de tiroides. Llega al umbral de la muerte. Con 42 años, al comienzo de un nuevo septenio, prevalece el elemento de resurrección. En su interior surgen nuevos valores y ella toma la decisión de comenzar a estudiar. Aunque tiene éxito, vuelve a someterse. Después incluso logra convertir su creatividad en una fuente de ingresos y en la fase entre los 42 y los 49 años desarrolla actividades completamente nuevas. Aunque tiene que afrontar nuevos golpes del destino, es capaz de continuar su tarea recién nacida a lo largo de toda la fase de los 49 a los 56 y hasta los 63 años. Los brotes que se han formado en su interior continúan desarrollándose después de los 42 años a pesar de las difíciles circunstancias externas.

En mi propia biografía, a partir de los 42 años me interesaba cada vez más el aspecto psicológico del hombre. Había conseguido superar el miedo que desde mi niñez sentía al entrar en contacto con enfermos psiquiátricos. Alrededor de los 45 años, muchos médicos jóvenes y estudiantes de medicina acudían a mí y a mis colegas con la intención de introducirse en la medicina antroposófica. Aunque nunca había considerado la posibilidad de enseñar, la pregunta se nos planteó desde el exterior y con ayuda de algunos docentes externos comenzamos a crear seminarios médicos. Además hubo un número creciente de peticiones de jóvenes médicos que querían pasar un año en la Clínica en calidad de médicos asistentes. De este modo, mi labor puramente curativa hacia los pacientes se fue transformando en una labor docente. En este tiempo otros elementos nuevos entraron en mi vida: el aprendizaje de habilidades sociopedagógicas y la gestión de trabajos en grupo, así como un interés más profundo hacia la capacidad de desarrollo del individuo a través del trabajo en su propia biografía. Esta nueva ocupación además recibió su propio marco: a mis 52 años se fundó e inauguró "Artemisia", el lugar en el que se celebran nuestros seminarios biográficos. Desde entonces, mi trabajo se desarrolla cada vez más en este ámbito.

Goethe se dedicó a investigar de forma exhaustiva las leyes de la metamorfosis de las plantas. Sus descubrimientos nos ayudan a observar las plantas más atentamente y a entenderlas mejor. Su desarrollo no se lleva a cabo de manera abrupta sino de forma continuada. Sería absurdo imaginarse que la planta debe autodestruirse del todo para poder generar flores y frutos. Sucede justo al contrario, puesto que nos encontramos ante un proceso natural y orgánico. Con nuestra propia biografía sucede algo similar. Si la observamos cuidadosamente, también en ella descubrimos un proceso de metamorfosis y transformación. Este proceso de cambio paulatino es de gran importancia y es por esta razón que debemos trabajar en transformaciones de nuestras posibilidades y no en el comienzo de algo nuevo, tirando por la borda lo que hemos aprendido y conseguido. Siempre nos basamos en peldaños que nosotros mismos hemos construido y debemos ascender partiendo de estos escalones.

En la fase entre los 49 y los 56 años la sabiduría puede desarrollarse y florecer plenamente. Esta época también la podemos denominar del desarrollo del alma inspirativa. En ella es muy importante que aprendamos a escuchar los mensajes de nuestro entorno. ¿Qué preguntas nos hace nuestro medio? Algunas personas en esta fase de la vida no saben qué hacer y muchas mujeres han visto a sus hijos marcharse de casa y buscan una nueva ocupación. No ticne mucho sentido que le impongamos al mundo nuestras actividades e impulsos. Es más útil que practiquemos cada vez más la escucha, puesto que la inspiración se refiere a inspirar, inhalar. Inhalamos lo que el mundo

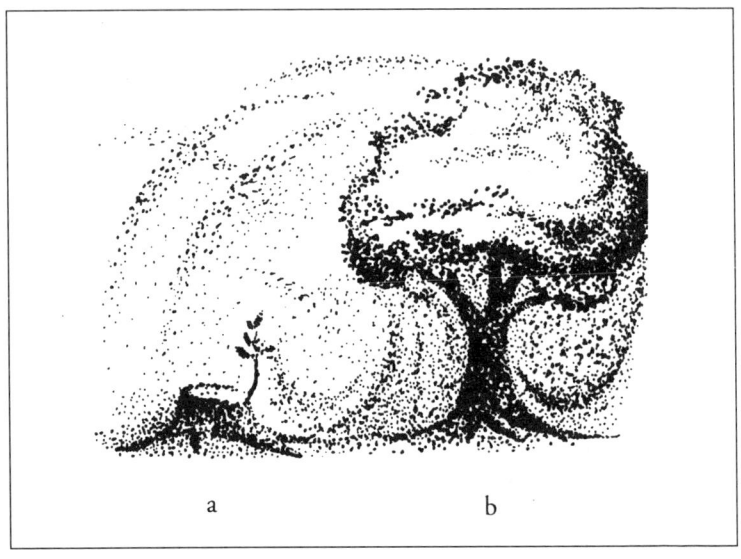

Figura 7

quiere decirnos, o lo que quiere revelarnos nuestra voz interior. Escuchar tiene un aspecto doble uniendo la extroversión y la introversión. Las fuerzas que en esta fase se desprenden del cuerpo, sobre todo del sistema respiratorio, nos permiten de modo creciente la utilización de este nuevo órgano relacionado con la escucha. Somos capaces de lograr una mayor armonía con el cosmos, y sobre todo con aquellos ritmos del cosmos que se reflejan en el corazón y pulmón. Pensemos en Beethoven, que en los últimos años de su vida estaba prácticamente sordo, pero que escuchaba cada vez más la música interior o de las esferas.

El siguiente ejercicio puede ayudarnos mucho en esta etapa de la vida así como en las dos siguientes, sobre todo si estamos sobrecargados de tareas y trabajos:

Hay que imaginar las tareas y también las relaciones

humanas existentes en el momento actual como las ramas de un árbol. Se observa cuales son las ramas que hay que cortar para que puedan desarrollarse nuevos brotes (yemas). Si combinamos el ejercicio con la pintura, el resultado pueden ser hermosos cuadros como por ejemplo el de la figura 7.

Fue realizado por un participante de nuestros cursos de 52 años de edad, que en el dibujo corta todo el árbol carcomido y deja sólo el retoño (a). La siguiente cuestión del ejercicio apunta hacia lo siguiente: ¿Qué necesita el árbol para llegar a un nuevo y pleno desarrollo? El siguiente paso consiste en dibujar el árbol tal como será en el futuro (b).

El hombre que dibujó este árbol tuvo una difícil infancia y juventud y comenzó a trabajar muy pronto. Alrededor de los veinte años llevó una vida de bastantes excesos. Su primer matrimonio duró de los 30 a los 36 años, época que además le brindó grandes triunfos laborales. Con 42 años se volvió a casar y fundó una familia. Con sus actuales 52 años - sus dos hijos son aún relativamente pequeños - está insatisfecho de sus éxitos materiales y de su profesión, pero como nos demuestra el hermoso árbol que ha salido del retoño, es capaz de vislumbrar nuevas perspectivas.

La siguiente poesía apunta hacia la misma dirección:

Poco a poco sientes como tu Yo se fortalece,
de un débil retoño un noble árbol está surgiendo
un árbol entre muchos árboles
¡Qué bien me siento,
qué orgulloso estoy y qué éxitos cosecho!
Reconocido y respetado,
he encontrado mi Yo.
Puedo caminar por la vida orgulloso y seguro,
hasta que un día, algo cansado ya de andar el largo camino,
me siento bajo un gran árbol.

Pero ¡ay! de tantas hojas, tantas ramas
el cielo ya no puedo ver.
Ni el sol ni las nubes ni el azul celestial,
ni la luna, ni estrellas ni la oscuridad de la noche.
Despavorido me levanto de un salto ¿Dónde estás?
Asustado veo una larga sombra en el suelo
es de la luna que su pálida luz proyecta sobre mí.
¿Éste soy yo?
Al despertar a la mañana siguiente
mi primer impulso es
con hacha, sierra y tijeras
cortar algunas ramas
para poder respirar,
volver a ver la luz del cielo azul,
y el brillo quieto de las estrellas.
¡No, esto no es vida!
¿Dónde está mi pareja, dónde está mi hijo?
Mas el árbol responde muy dolido:
¿Acaso no puedes esperar?
¿No ves cómo maduran los frutos?
Pronto vendrá el otoño, insensato de ti.
Se caen las hojas y maduran los frutos,
y todos te alabarán
con un gran ¡oh!
Tus frutos son dulces,
a muchos puedes alimentar,
hombres y animales, grandes y pequeños,
todos estarán agradecidos.
No los destruyas, regálalos.
El sol y la luna volverán a brillar entre sus ramas,
ahí estarás tú pensativo,
cubierto de cabellos plateados,
con ojos llenos del brillo del sol,
tanto si ves como si no.

*De las estrellas que se asoman por entre las ramas
una ya te saluda tan hogareña, tan amigable.
De allí vengo,
y allí es a donde voy
con un ¡Uh! cargado de sentido me inclino ante ti
y consciente admiro ahora:
Así es como soy.*

4.4 De los 56 a los 63 años: El "lado intuitivo"

Ahora nos ocuparemos de la fase que abarca desde los 56 hasta los 63 años. Es una época difícil de introversión. Bernard Lievegoed la llama la fase mística. Es un tiempo en el que algunas personas tienen la oportunidad de convertirse en líderes espirituales. Pero de nuevo también aquí debe imperar la máxima de que un líder espiritual no persigue a la gente para proclamar su sabiduría. En cambio espera que la gente acuda a él.

He necesitado mucho tiempo para entender por qué el noveno septenio se califica como fase mística. También podríamos caracterizarlo como el tiempo del alma intuitiva. Nos encontramos en oposición polar al primer septenio. En los primeros siete años el mundo se nos ha descubierto a través de los sentidos. Nos hemos encarnado a través del mundo de los sentidos y a través de los sentidos hemos tomado contacto con el mundo que nos rodea. Ahora hemos llegado al punto en el que nuestros sentidos, nuestras ventanas al mundo exterior, se van cerrando poco a poco. Nuestro oído ya no es tan fino, necesitamos gafas y el sentido del tacto es más tosco. O nos quejamos de que la sopa está sosa. Sin embargo es la misma de siempre, sólo que nuestras papilas gustativas ya no son tan receptivas. A menudo tampoco somos capaces de percibir el aroma de una flor con tantos matices como antes, o incluso perdemos el fino sentido de percepción para lo que les sucede a las personas de nuestro entorno o qué es lo que tratan de expresar. Es necesario cuidar estos sentidos para que podamos seguir disponiendo y haciendo uso de ellos. En este contexto hago referencia a los dos libros de Norbert Glas: "Amenaza y curación de los sentidos" y "Envejecer con luz propia". Por todas estas razones, es necesario que nos ocupemos activamente de nuestros sentidos, para que nos sigan permitiendo el contacto con el mundo que nos rodea. Por otro lado es un hecho que nuestro cuerpo se convierte cada vez más en una gruta en la que vivimos como un ermitaño, por lo que tenemos que echar mano de nuestra luz espiritual. Entramos más en contacto con la espiritualidad que hay en nosotros o como dicen algunos con el dios dentro de nosotros, y es por eso que hablamos de la intuición. Un niño pequeño brilla en el mundo con su Ser y lo ilumina. Da la sensación de que la personalidad del niño ocupa mucho más espacio que su cuerpo. En la mitad de la vida, nuestro Ser espiritual se ha sumergido en nuestro cuerpo. Está oscurecido y estamos profundamente anclados en la tierra. Pero precisamente por esta razón también podemos hacer penetrar en la tierra lo espiritual que hemos traído a la encarnación. En la vejez, nuestro cuerpo se torna más y más transparente. Nuestros huesos vuelven a hacerse más ligeros, sufrimos de osteoporosis, la falta de calcio en los huesos, y nuestro Ser puede brillar cada vez con mayor fuerza desde dentro hacia afuera. ¿Por qué los niños pequeños quieren tanto a sus abuelos? Porque en ellos pueden percibir esta luz brillante. Y cuando el cuerpo no se hunde más profundamente en lo pesado sino que continua llevándose con ligereza, esta luz se hace visible. Si la luz se mantiene invisible es como si el sol del cielo estuviera cubierto por las nubes; significa que nuestro cuerpo físico se ha endurecido tanto que no podemos atravesarlo, al igual que las nubes no dejan pasar ni la luz ni el sol. Sucede a menudo que las personas en este tiempo manifiestan una tendencia hacia una esclerosis prematura. En estos casos, los vasos sanguíneos del cerebro se vuelven poco permeables por culpa de una calcificación prematura, manifestándose en una falta de flexibilidad en el pensamiento, pérdida de memoria y obstinación. Cuando las fuerzas vitales del primer septenio no se han cuidado y respetado lo suficiente, por ejemplo por una escolarización demasiado temprana o una estimulación precoz del intelecto, se merma la vitalidad del cerebro predisponiéndolo para una esclerosis prematura. A menudo es en esta fase de los 56 a los 63 años que se hacen visibles las consecuencias de la primera infancia. Por supuesto que para estos casos siempre existen posibilidades terapéuticas de prevención. Cualquier terapia artística, cualquier ejercicio mental, cualquier ocupación creativa ayuda al ser humano en este sentido.

El noveno septenio es el momento en el que a menudo tenemos que afrontar alguna enfermedad. Con ella tendremos que contar durante el resto de nuestra vida. Tal vez tengamos diabetes, dolores de espalda o la tensión alta. A veces, estas manifestaciones nos obligan a cambiar nuestros hábitos de vida o de alimentación. Ahora nos toca aprender a renunciar, y en ocasiones la enfermedad nos puede ayudar a conseguirlo.

A menudo estos años coinciden con la jubilación y es importante que hayamos aprendido a ocuparnos con un hobby. Tal vez ya llevemos mucho tiempo anhelando la llegada de este momento y nos hemos preparado a conciencia para poder ejercer esta ocupación. En cambio, el que no se haya preparado para la llegada de esta fase, encontrará el vacío. Hay muchas profesiones en las que el comienzo de la jubilación no se hace notar mucho. Para un médico, un artista o un abogado puede que haya llegado el momento de pleno desarrollo. Por lo contrario, sobre todo las personas en profesiones altamente tecnificadas que exigen constante actualización, se enfrentarán a un vacío interior en la actual fase vital. Deben concentrar sus esfuerzos en llenar este vacío con nuevos contenidos. De lo contrario caerán en la depresión o el alcoholismo.

Ahora se vive una etapa que invita a una retrospectiva de la vida. Muchas personas escriben su biografía. En nuestros cursos biográficos hemos observado a menudo que las personas que nos visitan después de haber cumplido los 63 años ya han perdido el interés por su biografía. Ya no encuentran la fuerza y el valor para ver su vida con la claridad suficiente. Por ello el noveno septenio y por supuesto también los años anteriores son momentos especialmente propicios para observar nuestra vida y para advertir lo que hemos conseguido, cuales son las capacidades que hemos desarrollado y qué es lo que queremos continuar en el futuro. Todas estas son preguntas que requieren ser aclaradas para ayudarnos a enfocar nuestra vida futura de una forma provechosa.

En mi propia biografía, a la edad de 56 años, tuve la siguiente impresión:

Si en este período de mi vida no soy capaz de encontrar una nueva orientación, se secarán y morirán mi alma y mi mente y el decaimiento físico estará acompañado de un decaimiento anímico y espiritual. Pasaron uno o dos años hasta que se hizo patente cual iba a ser mi nueva tarea en este septenio. En el momento de encontrar el hilo conductor, el desarrollo se reanuda.

La autora de la biografía 1 escribe lo siguiente acerca de esta fase: "Mi vida se convierte en mi filosofía de vida". La vida de cualquier persona es extraordinariamente rica, y si se trabaja a conciencia en transformar las vivencias en filosofía de vida, se ha comprendido la tarea de este septenio.

También nos encontramos en una fase en la que los valores materiales pierden su importancia. A menudo se redactan testamentos y a veces se reparten las pertenencias. Conviene tener cuidado de quedarse con el remanente necesario para la vejez. De lo contrario, los años siguientes podrían volverse muy duros, sobre todo si —como a menudo es el caso en Brasil— hay que seguir ganándose la vida. En esta fase vital, algunas personas necesitan más ayuda de la que se piensa. Siendo de edad avanzada, es normal que los hijos se ocupen de uno. Sin embargo, de momento siguen dedicados a la construcción de sus propias vidas por lo que disponen de poco tiempo para la generación de los mayores. Por ello conviene dedicar una especial atención a las personas que se encuentran en esta fase vital.

Cuando las mujeres entran en la menopausia después de los 49 años y los hombres atraviesan la andropausia después de los 56 años, la diferencia anímica entre el hombre y la mujer queda atenuada. Para la mujer, los 49 años son el tiempo de la menopausia. Ésta representa un profundo cambio hasta en lo orgánico y en algunas mujeres provoca una crisis: se acaba definitivamente la posibilidad de tener hijos, puesto que disminuyen las hormonas femeninas y la cantidad de hormonas masculinas aumentan en relación con las femeninas. En el terreno biológico provocan una voz más grave y un mayor crecimiento de vello. Al mismo tiempo pueden acarrear cambios anímicos. Después de una corta fase de inestabilidad emocional, la mujer experimenta una especie de liberación. Le gusta adoptar mayor número de características masculinas, se vuelve más activa y se encarga de tareas que hasta entonces estaban reservadas al hombre. La sensación de poder vivir por fin las propias sensaciones y un impulso hacia el exterior llevan a la mujer a conquistar el mundo. Es un fenómeno que a menudo se observa en mujeres mayores.

La andropausia del hombre se presenta algo más tarde. Alrededor de los 56 años siente cambios relativamente significativos. Sin embargo, los cambios físicos no son tan profundos como en la mujer. El hombre puede seguir engendrando hijos incluso después de los 70 años. Todo sucede más bien en el plano anímico. El hombre no quiere perder su hombría, a menudo quiere demostrar que sigue siendo "él, quien...". A menudo los órganos que liberan sus fuerzas provocan sueños sexuales. Si el hombre es consciente de que ascienden desde lo orgánico es capaz de encajar esos sueños y no se abandona a la ilusión de tener que buscar una amiguita. En el plano anímico, el aumento de hormonas femeninas provoca que el hombre se vuelva más casero.

Cuando los dos integrantes de un matrimonio se comprenden mutuamente, el hombre será capaz de ayudar a la mujer a superar la menopausia y la mujer más adelante le ayudará al hombre a superar la andropausia. Para ello es necesario que haya intimidad entre los dos y que sean capaces de expresar sus problemas. Su relación requiere una remodelación. Sus hijos, si es que los han tenido, han abandonado la casa y el matrimonio se encuentra uno frente al otro. ¿Puede esta situación llevar a una nueva profundización en sus relaciones? ¿O aumentan aún más las dificultades y las críticas mutuas? Las características individuales se acentúan cada vez más. Se puede evitar mucho dolor innecesario con dormitorios separados y respetando los rasgos particulares de cada uno.

4.5 Biografía 8
Relato de vida en forma de cuento de hadas

En nuestros cursos biográficos a menudo les ponemos a los participantes la siguiente tarea: Intenta darle a tu biografía la forma de un cuento de hadas.

De esta manera es más sencillo despegarse de las implicaciones en las que solemos caer en la retrospectiva de nuestra vida. En cambio, si relatamos la historia de nuestra vida en forma de cuento, nos distanciamos más y gracias a las imágenes que se generan podemos ver la biografía en su totalidad.

Leamos la siguiente biografía escrita por una mujer a sus 54 años. La paciente nació el 28 de octubre de 1.930 en el estado federal brasileño de Minas Gerais. Creció en el seno de una familia numerosa. Durante algunos años trabajó de maestra. Luego se casó y dejó de trabajar. Se dedicó por completo a su familia, sacrificándose incluso por ella. Su marido era el dueño y señor de la casa y decidía todo. Más tarde, a partir de los 50 años, la mujer tuvo una relación amistosa que mantuvo en secreto ante la familia hasta poco antes de su muerte. La paciente murió el 17 de diciembre de 1.991 de cáncer de estómago.

Historia de un rosal

Érase una vez un bonito jardín. Allí convivían muchas flores bonitas en paz y alegría: Margaritas, alegrías, nomeolvides, petunias, pensamientos, además de arbustos y plantas herbáceas de distintas formas y colores.

Un día, hacia el final del invierno, cuando todas las plantas despertaban de su sueño y se preparaban para florecer, sucedió que nació una nueva planta. Era un rosal muy joven, tan joven que ni él mismo sabía cómo iban a ser sus rosas. Las flores más pequeñas miraban con respeto y hasta con un poco de temor a su nueva compañera, porque aparte de su fuerte tallo el rosal tenía pinchos. Este, en cambio, les habló con tanta dulzura que las pequeñas plantitas enseguida sintieron confianza. Ante la belleza del jardín quería mostrar su lado más positivo. Se esforzó mucho hasta que consiguió abrir su primer capullo del que floreció una hermosa rosa del color de la aurora.

Un día, cuando el rosal aún estaba quitándose las últimas gotas de rocío con la ayuda del sol, apareció una mariposa azul. Exclamó: "Oh, qué rosas tan hermosas y olorosas. Me encantaría oler así de bien, pero no soy una flor, soy una mariposa. En cambio, puedo volar, puedo visitar otros jardines lejos de aquí. Una rosa como tú nunca podrá ver aquello".

Con estas palabras la mariposa se fue, moviendo ligeramente sus alas azules. El rosal se quedó pensativo: "Ay, qué bonito sería tener alas y poder volar; sería libre como la mariposa. Pero tengo raíces tan profundas que me mantienen atado a la tierra. Ni el viento ni las tormentas son capaces de arrancarme de aquí". Ese día el rosal se quedó triste por tener raíces en lugar de alas.

Estaba aún pensativo cuando se acercó una abeja que volaba alrededor de las rosas. "¡Qué animal tan raro!", pensó el rosal. "¿Qué quieres de mí?" preguntó. "¿Quieres admirar mis rosas o quieres oler mi aroma?" "Nada de esto", contestó la abeja.

"Debes saber que soy muy laboriosa y que no tengo tiempo para cosas semejantes. De las flores sólo quiero el néctar que guardan en su interior. Con él, las abejas fabricamos la miel de la que se alimenta toda la colmena". Dicho eso la abeja penetró en la flor, recogió el néctar y se alejó volando.

Unos días más tarde un mirlo vino volando por los aires y se sentó al lado del rosal. "Eres encantador", le dijo. "Sigue siempre igual y cuida bien tus ramas, tus rosas y su aroma. En una palabra: ¡sé todo un rosal!"

"¡Pero, ahí están los pinchos que no me gustan! Y tampoco tengo alas como la mariposa, sólo raíces, que me mantienen en el suelo".

El mirlo dijo: "Los pinchos son tus armas para defenderte ante los que quieran robar tus rosas. Cuídalos bien, porque te servirán en un momento de apuro. No debes tener envidia de las mariposas; ellas son las enviadas de las flores y por ello deben tener alas. Deberías estar agradecido por tus raíces, porque son ellas las que te traen agua fresca de las profundidades de la tierra, cuando el sol es tan abrasador que quema las flores más débiles. Las raíces te defienden contra el frío, y te mantienen firme y erguido. Es tu cometido estar siempre preparado, firme, en tu lugar como un guardián, como un faro".

"Pero me gustaría irme de aquí. Quisiera conocer el mundo y adquirir sabiduría".

"Tu sabiduría está aquí. ¿Qué sabe el pájaro de los secretos del suelo? Tú, sin embargo, los conoces. Tus raíces llegan hasta las profundidades y almacenan el jugo que tu tallo convierte en la expresión de la vida, en ramas, hojas, pinchos y rosas. No seas más que un rosal, y serás un maestro".

Así habló el pajarito y se alejó volando, mientras el rosal se quedó pensativo. De pronto escuchó un gran estruendo que le asustó; era el gavilán que le decía: "Eres tan soñador como todos los rosales. No te tomes tan en serio lo que el mirlo te acaba de decir; es muy bromista y sólo piensa en cantar. Nada de lo que dice es importante. ¿Quién vive de rosas y de su aroma? La morera salvaje nos da mucho más porque calma el hambre de las aves. También el arbusto es más útil con sus grandes hojas, puesto que en los días calurosos nos ofrece sombra. La belleza y el aroma son sólo vanidades. Lo que hace falta es ser útil, hijo mío. Siempre hay que luchar, hasta llegar a las lágrimas, si es que hace falta, para algún día alcanzar la paz. Abandona la vida que llevas, y no te preocupes tanto por la apariencia externa de tus rosas; aprende a servir". Aquella noche el rosal no pudo dormir bien. Lo que había oído, daba vueltas en su cabeza. Cuando llegó la mañana, se había convencido de que no era otra cosa que un rosal vanidoso e inútil. Miró a su alrededor y se dio cuenta que había sido tan egoísta como para no reparar en las plantas pequeñas y frágiles que salían de la tierra alrededor de él y que no sabían como arreglarse con sus ramas, hojas y flores. Decidió ser su maestro. Infinidad de veces comenzó a explicarles a las margaritas, violetas y pensamientos como tenían que desplegar sus hojas, formar sus capullos y abrir sus flores. Les habló de los aromas y de cómo distribuirlos sutilmente. Les dio explicaciones acerca de las malas hierbas que aplastan a las plantas pequeñas no dejándolas respirar. Estaba muy seguro de su misión y en su interior pensó que era el dueño de éste, su jardín. Quería que todo estuviera en orden y en su lugar, sin molestar el equilibrio. Se sintió muy feliz en la certeza de ser sabio y justo.

El gavilán que andaba volando por los alrededores se burlaba de él diciendo: "¡Qué oficio tan cómodo te has buscado! ¡Aconsejar a las plantas! Desde la cumbre de tu vanidad te crees que eres el Rey. Ser útil quiere decir darse a los demás y entregarse a ellos. ¿Qué veo cuando te miro? El mismo rosal vanidoso y orgulloso de sus rosas. Contempla allí ese bonito ejemplo de abnegación: ese pájaro ha criado a sus polluelos; ahora se ocupa de un cuco que nació de un huevo abandonado".

Y en efecto llegaba la madre gorrión con su hijo, que era un pájaro fuerte y más grande que ella misma.

"¿Qué tal?", preguntó el rosal.

"No tengo tiempo de reflexionar acerca de esas cosas, porque tengo mucho trabajo. La vida es difícil para alguien como yo, que tiene que asumir tanta responsabilidad. Estoy muy cansada, los pies me duelen de tanto escarbar en el suelo; las alas me pesan de tanto volar; los ojos ya no ven bien de mirar desde mucha altura para encontrar un manantial limpio, una fruta dulce y un árbol que ofrezca sombra. He criado a muchos hijos, y todos han aprendido a volar pronto y a buscar su propio alimento; ahora viven felices en los bosques. Pero este hijo me da demasiado trabajo. Es incapaz de alimentarse sólo, siempre está a mi alrededor, hambriento y exigiendo ayuda. Este es mi destino: Vieja, cansada y sin embargo debo seguir trabajando.

Con estas palabras se alejaron madre e hijo.

Pasó el tiempo y el rosal se sentía cada vez más infeliz. Cada primavera apareció el pájaro para recordarle sus obligaciones: "¿Qué tal? ¿Aún sigues tan vanidoso e inútil?". Pero ahora todo le iba muy mal. Parecía que las fuerzas de la naturaleza sólo querían lo mejor para él. Las raíces del rosal profundizaban cada vez más en el suelo del que extraían el alimento. Los jugos ascendieron por el tallo a través de sus canales; el tallo con su aparente inmovilidad los transformaba en su interior alimentando y fortaleciendo las ramas. El sol y el viento también contribuían generosamente a su bienestar. Los brotes podían crecer y florecer a sus anchas sacando rosas por doquier. Sin embargo, esta fue toda su perdición. Por más esfuerzos que hacía no podía evitar florecer. De pronto vio a su lado una nueva planta que era tan frágil que sus hojas parecían ser juguetes. Comenzó a erguirse sin hacerse notar mucho y empezó a enredarse en el tallo más cercano hasta llegar al tallo del rosal. Allí la enredadera encontró un buen soporte y creció con gran velocidad. Se enredó en las ramas todo lo que pudo y sacaba brote tras brote para alzarse cada vez más. Al principio el rosal se sintió incómodo. Era extraña la sensación de ser envuelto por completo por esa planta que rellenaba todos sus huecos y le apretaba más y más.

"Necesitas amor y protección". dijo la enredadera. "Eres tan inocente y estás tan desprotegido. Hay tanta maldad a tu alrededor. Desde ahora te protegeré y velaré por ti. No dejaré que te hagan daño".

"La enredadera tiene razón", pensó el rosal. "El jardín está lleno de peligros".

Una primavera —se acordaba muy bien de ella— había intentado florecer en vano. Cada vez que intentaba sacar un brote nuevo acudía el gorrión para comerse la yema, una valiosa yema que tantos esfuerzos vanos le había costado. Después llegaron las avispas que se comieron todos los capullos aún cerrados. Pero ahora ya no tenía nada que temer: la enredadera estaba allí y se ocupaba de sus ramas; las cubría y las protegía de las vicisitudes de la tierra. Ya no tenía rosas, pero no le importaba. En esta primavera, la enredadera florecía sin parar, generando pequeñas flores estrelladas que formaban un bonito macizo que incluso daba sombra. El rosal estaba satisfecho consigo mismo. Por fin era útil. Gracias a él, la enredadera podía florecer y era preciosa de ver. Todos los que la veían admiraban la enredadera de forma que ya ni siquiera se acordaban que antes había un rosal en aquel lugar.

Un día un extraño pájaro aterrizó en las ramas del hibisco rojo. El rosal apenas lo veía de lo cubierto que estaba por el ramaje de la enredadera. Sin embargo, el pájaro era muy curioso y, saltando de rama en rama, se fue acercando hasta que finalmente descubrió el rosal. Lo examinó en silencio y se quedó pensativo. Entonces preguntó:

"¿Cuándo van a florecer tus rosas? Es primavera, el momento en el que todos los rosales muestran sus colores y aromas. Tu todavía no tienes ni un solo capullo".

"Todo esto no es importante", dijo el rosal. "Lo importante es entregarse y darse a los demás. Este es el camino que me han

enseñado para alcanzar la paz. Y esto es lo que hago; le presto mis ramas a la enredadera. Mira cómo ella sabe engalanarse. El bienestar de la enredadera es mi vida".

El pájaro replicó: "Lo importante es que seas tú misma. Mira a tu alrededor, mira cuántas flores, plantas y arbustos tan miserables hay, tu sin embargo eres un rosal. Un rosal que reniega de la tarea que la naturaleza le encomendó. Por ello, este jardín está incompleto. Hay que restablecer su armonía".

"¿Qué puedo hacer?" preguntó el rosal con voz temblorosa.

"¡Lucha, reconquista tu espacio vital, sé consciente de tu propio valor!"

Con estas palabras el pajarito se fue. El rosal comenzó a meditar. ¡Qué bonito sería poder florecer de nuevo! Sólo así sería feliz. Sin embargo le faltó valor para pedirle a la enredadera que no le quitara su fuerza y que le dejara vivir. "¡Ay, si esta enredadera entendiera todo eso por sí misma y decidiera irse de aquí de una vez!" Pasó el tiempo, y la exuberante enredadera con tanta seguridad en sí misma siguió ganando fuerza enroscando un renuevo tras otro alrededor de las ramas del rosal que se sentía agotado y aplastado. Este pensó 'Es demasiado tarde para luchar'. Poco a poco perdió el valor de seguir viviendo. Sus quejidos eran tan débiles que nadie podía oírlos.

Sucedió que una tarde de verano una tormenta alcanzó toda una bandada de golondrinas. Como no había árboles que ofrecieran resguardo, lo buscaron bajo el arbusto que formaba la enredadera en flor. Intentaban secar sus plumas mojadas lo mejor que podían cuando oyeron la débil queja:

"¡Ojalá que alguien pudiera ayudarme!"

Las golondrinas se asustaron. "¿Cómo? ¿Un arbusto tan sano que pide ayuda?" Fue entonces cuando descubrieron los pinchos doblados del rosal.

"¿Qué te ha pasado? ¿Por qué estás tan triste?", le preguntaron.

"Quisiera florecer pero ya no tengo la fuerza suficiente".

"Queremos ayudarte", dijeron las golondrinas enseguida.
"¿Y qué será de la enredadera?"
"Tendrá que aprender a utilizar sus propias fuerzas".

Las golondrinas comenzaron con mucha paciencia y cuidado a desenredar vástago por vástago para liberar las ramas del rosal. El rosal dio un gran suspiro y se durmió, puesto que estaba muy cansado.

Una vez separada del rosal, la enredadera se quejó de su suerte intentando desenmarañar la espesura de sus tallos.

"¿Quieres ayuda tú también?" le preguntaron las golondrinas.

"No", fue la respuesta, porque la enredadera estaba muy orgullosa de su poder. Dicho esto, las golondrinas emprendieron el vuelo.

El rosal durmió todo el otoño. Soñó con una nueva primavera, llena de sol, de flores, de mariposas y de aves. Y en el sueño vio cómo la enredadera fue enredándose en palos de maderas nobles, esparciendo sus tallos cubiertos de flores en forma de estrellas hacia todas las direcciones. Ya repuesto, el rosal abrió los ojos hacia la vida. En el aire había signos que anunciaban el final del invierno; era el momento de prepararse para florecer.

Todo se conforma y se culmina,
sólo debes saber esperar
y concederle a la conformación de tu felicidad
abundantes años y campos.

Hasta que un día sientes
ese aroma del grano maduro
Y partes a llevar la cosecha
al buen recaudo del granero.

Christian Morgenstern

5
Las últimas fases de la vida del hombre

A partir de los 63 años nos liberamos un poco de la trama del destino. Este momento a menudo se vive como un renacimiento. Muchos pequeños achaques físicos y el estado general de salud vuelven a mejorar. El transcurso de nuestra vida a partir de este momento depende del tiempo anterior, sobre todo de los años a partir de los 42: de cómo los hemos vivido, si hubo valor y creatividad entre los 42 y los 49, si entre los 49 y los 56 se encontró un nuevo ritmo y una nueva sabiduría y si en el último septenio hemos desarrollado intimidad y paciencia. Los ciclos de los septenios ahora se entremezclan, y las fisuras después de este tiempo ya no son tan visibles. Dependen en gran medida del destino individual de cada persona.

En nuestra sociedad actual, la vejez se va convirtiendo en un problema cada vez mayor. Toda la vida familiar se ha vuelto inestable y falta la unión de la gran familia. Por supuesto podemos acudir a las residencias de ancianos, pero es de suma importancia que sean lugares en los que haya posibilidades para un desarrollo espiritual y que no sean espacios en los que las personas mayores sólo se critiquen unas a otras lamentándose de sus impedimentos.

Nuestras fuerzas psíquicas siguen disminuyendo; y lo anímico y espiritual se desprende cada vez más del cuerpo físico. Esta evolución por un lado nos permite superar el sufrimiento físico. Hace que nos sintamos más libres y que podamos dedicarnos cada vez más a nuestra existencia cósmica. Nuestra consciencia tiene la posibilidad de ampliarse infinitamente y nos lleva a nuevas evidencias. Por otro lado somos capaces de desarrollar una mayor humildad y abnegación. Además, podemos volcarnos más y más en tareas benéficas y sociales. Cada persona debe seguir sus propias inclinaciones. En ciertas tareas benéficas, la persona queda demasiado ocupada y no tiene tiempo suficiente para obrar en el ámbito espiritual y creativo.

Muchas personas comienzan ahora una actividad artística, como puede ser la pintura. Para dar un ejemplo, en los Estados Unidos, en el Gran Cañón, existe una escuela de arte para personas a partir de setenta años. Y por supuesto existen muchas organizaciones de este tipo en el mundo entero dedicadas a fomentar el elemento artístico en las personas mayores.

Podemos seguir dividiendo el curso vital del hombre en ciclos de siete años. Los siguientes 3 septenios tienen una característica común: en este período, la persona mayor puede volver a practicar cualidades que fueron fundamentales en los primeros septenios.

Desde los 63 hasta los 70 años volvemos a cultivar el asombro: un nuevo asombro ante la naturaleza, ante el entorno, ante los nietos, que se convierten en personalidades cada vez más vigorosas. Si durante este período volvemos a mirar nuestra primera infancia, de nuevo podemos volver a desarrollar la sensación de gratitud. Podemos volver a revivir a ese niño. La paciencia y la autoeducación nos ayudarán a superar muchos obstáculos difíciles; una auténtica bondad puede irradiar de nosotros. A menudo encontramos personas mayores que resultan realmente jóvenes, no tanto en su aspecto como en su manera de ser.

La fase de los 70 a los 77 años:

¡Volvamos a echar un vistazo a nuestro segundo septenio! Las cualidades que en este tiempo hemos adquirido a través de nuestra educación se hacen notar ahora. Por regla general se suele decir: "quién en su infancia ha doblado las rodillas para rezar, desarrolla unas piernas más fuertes." Esta influencia de la infancia se hace notar sobre todo en la vejez. En su libro "Ciudadanos del cosmos", Beredene Jocelyn apunta: "Quien de niño haya alzado la vista con admiración y haya juntado las manos para rezar, tiene el don de bendecir en la vejez". La belleza del mundo es otra faceta que ahora se vive de manera renovada.

La esperanza media de vida del ser humano es de unos 72 años. Encontramos en ello una relación con el ritmo del sol; su movimiento de precisión se desvía exactamente un grado a lo largo de 72 años. Esto conlleva que la estrella de nuestro nacimiento ya no queda completamente cubierta por el sol. En una de sus conferencias sobre el karma, Rudolf Steiner dice que la estrella del nacimiento ahora sale al encuentro del hombre. El seguir viviendo en la tierra después de esta fecha es una auténtica bendición. Por cierto que nuestro pulso también late al ritmo del sol, 72 pulsaciones por minuto.

Ahora, la persona mayor realmente tiene la capacidad de irradiar tranquilidad, de bendecir a otros y de sentir misericordia por ellos. Una paciente dijo a esta edad: "vuelo sobre el paisaje como un águila y me poso donde me necesitan" (tenía cinco hijos y muchos nietos). Es mucho más beneficioso adoptar esta actitud que estar herido por encontrarse solo o por no sentirse suficientemente atendido.

La fase de los 77 a los 84:

Ahora hacemos revivir al joven que hay en nosotros. De nuevo tratamos de acercarnos a la verdad. La muerte viene hacia nosotros, y deberíamos tratar de hacer morir por fin nuestras malas costumbres. Debemos enfrentarnos a nosotros mismos con veracidad y justicia, con una consciencia clara y en paz con los hombres.

Con estos tres escalones, estos tres septenios, puede suceder como con un paisaje de montaña: vemos la sierra delante de nosotros y nos acercamos a ella. Cuando nos encontramos en la cima, descubrimos otra cumbre que se encuentra detrás. Y detrás de ésta se divisa otra cumbre más lejana. De esta forma marchamos con fuerza y valor hacia dimensiones cada vez más lejanas.

Es obvio que la duración de vida del hombre es muy variable. Se puede vivir poco tiempo y haber sido de extraordinaria importancia para el mundo gracias a una obra creativa, como es el caso de Mozart y de muchos otros grandes genios. También se puede vivir largo tiempo y no dejar nada para el mundo, vegetando en los últimos años de la vejez. Para dar sentido a la vida, es muy importante seguir aprendiendo cosas nuevas durante toda la vida. El hecho de pasarse años atado a una silla de ruedas puede tener un significado determinado. Tal vez este destino le haya tocado a alguien que nunca ha aprendido a tener paciencia. O se trata de una persona que no ha sabido aceptar ayuda de otras personas. Este destino puede crear una importante oportunidad de aprendizaje para adquirir nuevas habilidades. Cuando sólo se mira la parte física de una persona en esta situación, podría pensarse que mejor estaría muerto. Si por lo contrario también consideramos el elemento anímico y espiritual del hombre, cada faceta de su biografía cobra nuevo sentido.

También a las personas que han estado en el umbral de la muerte y que en este instante han visto su vida como en una película se les abren nuevas perspectivas. Cuando finalmente vuelven a la vida, su biografía suele tomar un rumbo nuevo y distinto.

Observamos el transcurso de nuestra vida en retrospectiva y tratamos de averiguar: ¿Cuáles son los puntos positivos de nuestra biografía que siempre han reforzado nuestras ganas de vivir? ¿Qué elementos hubiera sido mejor eliminar? ¿Cuáles fueron los puntos de fricción por los que surgieron dificultades en las relaciones humanas? ¿Se nos presenta la oportunidad de arreglar esto en el tiempo que nos queda? Si a través del trabajo con nuestra propia biografía conseguimos arrojar más luz sobre el transcurso de nuestra vida, podemos atravesar la puerta de la muerte más libres y más ligeros y con la posibilidad de crear un nuevo destino más conscientemente.

Escalones de vida

Así como las flores se marchitan
y a toda juventud la vejez sigue,
florecen los peldaños
porque asciende la vida.
Todo saber, toda virtud florecen en su momento exacto
sin que les sea dado durar eternamente.
A cada llamamiento, al corazón se exige
que esté pronto al adiós y a comenzar de nuevo,
que esté dispuesto a darse, sin trabas y animoso,
a nuevas y distintas ataduras.
En la entraña de todo comienzo hay un hechizo
que a vivir nos ayuda, y nos protege.
Alegremente debemos recorrer los espacios;
no atarnos a ninguno como a una patria propia ;
el espíritu cósmico no quiere encadenarnos ni oprimirnos,
aspira a que ascendamos,
a que nos dilatemos peldaño tras peldaño.
Apenas intimamos con una nueva esfera de la vida
nos acomodamos en un ámbito,
comenzamos sin duda a entumecernos ;
tan solo el peregrino, tan solo el que está pronto a la partida
evitará la parálisis que engendrará la costumbre.

Aún la hora de la muerte puede que nos coloque
frente a nuevos espacios que hayamos de cruzar:
la vida jamás cesa de llamarnos...
¡Ánimo, corazón!: ¡di adiós y estás curado!

Hermann Hesse

6
Ritmos y simetrías en la biografía

Al observar el mar, se ve como una ola se va acercando. Crece cada vez más, aumenta, hasta que finalmente rompe. Se crea un gran remolino y después el agua sigue su curso. De forma similar sucede en nuestra vida. Se van sucediendo fases en las que el desarrollo se va acrecentando, llegando a momentos culminantes y situaciones de cambio que vuelven a desembocar en largos períodos de desarrollo. En este capítulo queremos ocuparnos de las distintas fases y ritmos de la biografía. Para ello nos basamos en las observaciones de los capítulos anteriores resumiendo los puntos más destacados del desarrollo.

Solemos celebrar grandes fiestas de cumpleaños cuando cumplimos los 10, los 20, los 30 o los 50 años. Muchos matrimonios celebran sus bodas de plata después de 25 años de casados, y las bodas de oro después de 50 años. Se trata de períodos de tiempo que nos impresionan. Nos da la impresión de estar ante números redondos, tal vez también la sensación de que se han 'redondeado' determinados períodos de vida.

También podemos subdividir las tres grandes fases vitales tal y como las hemos descrito en nuestra sinopsis general —las fases del desarrollo físico, anímico y espiritual— en tres subfases más cortas, lo que otorga un ritmo de siete años a cada período. Este ritmo suele producir cambios de mayor alcance que en el transcurso de la vida a veces llevan hasta la crisis. Podríamos decir que cada siete años llegamos a un escalón más alto en nuestra vida, o, como se dice popularmente: cada siete años cambiamos de piel. Nuestro interior ya no encaja bien con nuestro exterior y debe ser desechado o transformado.

El ritmo de siete años tiene su origen en leyes cósmicas. Al igual que el ritmo semanal (el ritmo de siete días), tiene su propia dinámica. Todos sabemos que el sábado es distinto del lunes; el comienzo de la semana tiene otro carácter que el fin de semana. En algunos idiomas, los días están asociados a distintos planetas: El *saturday* es de Saturno; el *sonntag* del Sol; en castellano encontramos la similitud de *lunes* y Luna, de *martes* y Marte, de *miércoles* y Mercurio, de *jueves* y Júpiter, de *viernes* y Venus. Estas fuerzas planetarias actúan también sobre la existencia humana. Actúan ante todo sobre los distintos septenios del curso de vida del ser humano. Acuñan y renuevan las fuerzas del hombre durante la noche cuando lo anímico-espiritual del hombre se despega de alguna manera de lo biológico y físico, para alcanzar esferas más altas, un proceso similar al que se produce entre la muerte y un nuevo nacimiento. Permanecemos en las "cámaras de Dios" como seres espirituales para asimilar determinadas fuerzas específicas conforme a nuestro destino.

Así es que desde la concepción hasta nuestro séptimo año estamos más expuestos a las fuerzas lunares, que ejercen un efecto determinante sobre nuestro físico y nuestra constitución. Desde los siete hasta los catorce años, en la edad escolar, actúan las fuerzas de Mercurio, produciendo un efecto sanador y armonizador. Desde la pubertad comienzan a actuar sobre todo las fuerzas de Venus; influencian de forma intensiva el ámbito erótico y las ideas e ideales del tercer septenio. De los 21 a los 42 años estamos sometidos a la influencia de la esfera solar, que acuña en gran medida nuestro desarrollo anímico. En esta esfera permanece el brote espiritual del hombre (la individualidad espiritual o, como dice Goethe, la eterna entelequia) durante la mayor parte de su vida post-mortem. Por esta razón abarca el mayor lapso de tiempo en la biografía humana. De esa esfera, la individualidad saca la fuerza para trabajar con el pasado (vivencias hasta los 21 años) y darle una nueva forma. A partir de este momento podemos marchar con mayor libertad desde el pasado hacia el futuro y conseguir cada vez mejor nuestras metas en la vida. Desde los 42 hasta los 49 estamos más sometidos a la influencia de Marte que nos proporciona las fuerzas para la realización de nuestras metas vitales. De los 49 a los 56 son sobre todo las fuerzas de Júpiter las que se hacen notar. Nos permiten organizar nuestro curso vital con una creciente sabiduría. Desde los 56 hasta los 63 finalmente actúan las fuerzas de Saturno, que dirigen nuestra mirada hacia atrás sobre nuestra vida; nos inducen a adoptar una actitud de pregunta: ¿hemos alcanzado nuestras metas, hemos conseguido nuestro 'leitmotiv'?

También podemos constatar una dinámica interior en el ritmo de siete años de la biografía humana. Primero atravesamos una fase inicial de unos dos años de duración, hasta que las leyes propias del septenio se hacen plenamente visibles. En los tres años siguientes nos encontramos en la mitad del septenio y en medio de sus leyes. En los últimos dos años trabajamos lo vivido y nos preparamos para la siguiente fase que ya se vislumbra desde el futuro. El pasado, el presente y el futuro se dan la mano, están constantemente relacionados entre sí.

Podríamos analizar cada año del septenio con respecto a la influencia planetaria. Aquí también atravesamos las distintas esferas de influencia de los planetas en el mismo orden: Luna, Mercurio, Venus, Sol, Marte, Júpiter y Saturno. El año solar siempre le imprime el nuevo sello al septenio. Beredene Jocelyn relaciona los años después de los 63 con Urano, Neptuno y Plutón. Las fuerzas de estos planetas también repercuten sobre el hombre, aunque de forma más suave y atenuada.

¿Cuáles son los incisos que encontramos al observar las tres grandes fases de vida en su triple subdivisión? Son la madurez escolar a los siete años, la pubertad a los catorce y la mayoría de edad a los veintiún años. Nuestro cuerpo físico es de origen terrenal. Contiene todas nuestras características genéticas y su maduración se lleva a cabo en tres grandes etapas: en el primer septenio maduran nuestro sistema nervioso central (cerebro y médula espinal) y nuestros sentidos. En el segundo septenio madura nuestro sistema respiratorio y circulatorio; y en el tercer septenio maduran nuestras extremidades (crecimiento y fortalecimiento de huesos, músculos y tendones), el sistema metabólico (todas las glándulas de los órganos digestivos alcanzan su plena producción) y nuestros órganos de reproducción. Todo ello queda descrito en los capítulos anteriores. Si aquí hablamos de un *proceso de maduración*, queremos expresar, que los órganos en cuestión alcanzan su pleno desarrollo y a partir de este momento son utilizados como instrumentos para el desarrollo anímico-espiritual. Cuando los órganos han madurado plenamente, el alma, por así decirlo, puede tocar este instrumento físico y desarrollarse como una entidad con pensamiento, sentimiento y voluntad.

La individualidad tiene un origen espiritual y a partir del nacimiento penetra cada vez más en la corporalidad. En este contexto podemos hablar de tres nacimientos más pequeños del Yo. El momento que se presenta en la mitad del primer septenio, cuando el sistema nervioso y los sentidos se han desarrollado plenamente y el niño dice por primera vez "Yo" para referirse a sí mismo, se puede calificar como "despertar de la consciencia del Yo". El niño siente por primera vez que el Yo y el mundo ya no son una misma cosa. Después, el niño atraviesa una fase de rebeldía en la que se autoafirma. En el segundo septenio, alrededor de los nueve o diez años, los sentimientos se van despertando gracias a la maduración del sistema rítmico (corazón y pulmón). Es la fase en la que los niños están más replegados sobre sí mismos siendo algo más soñadores, pero al mismo tiempo también pueden desarrollar mayor agresividad hacia sus padres y maestros. Podríamos denominar este momento como "sentimiento del Yo". En la mitad del tercer septenio, con unos dieciocho años y medio, el Yo penetra profundamente en el sistema metabólico y de extremidades, y el joven vivencia su propia actividad en el mundo. Es a partir de esta fase que está del todo anclado al suelo. A menudo es en este instante cuando ya se vislumbra la futura vocación profesional. Podríamos denominar este proceso como el "despertar del Yo en la existencia social del mundo". La tarea del educador en los primeros tres septenios es ayudar al joven ser humano a poner los pies en el suelo, a cuidar de que el físico se desarrolle en salud según la máxima "mens sana in corpore sano". Si el educador cumple bien con su tarea, podemos decir del joven: "está bien encarnado" o "está bien metido en su cuerpo". Es a partir de los veintiún años que está del todo presente. Ahora cada parte de su cuerpo se encuentra a su disposición. El Yo ya no está tan ocupado con la construcción del cuerpo y se libera; el joven llega a su mayoría de edad.

La dinámica de los mencionados sistemas de órganos se refleja de forma intensa en lo anímico. En el primer septenio vivimos inmersos en la percepción del mundo, todas las impresiones llegan desde fuera. En el segundo septenio sentimos la dinámica de nuestro sistema de corazón y pulmón. Se trata de una constante inspiración y expiración, una contracción y una expansión. Se produce un vivo intercambio de dentro hacia fuera y de fuera hacia dentro. En el tercer septenio, la dinámica de nuestra voluntad se traslada desde dentro hacia fuera. Actuamos desde nuestro interior y nos convertimos en creadores de nuestro entorno humano. Esta dinámica se repite en la fase media de la vida. En el fondo consiste en registrar, asimilar e intercambiar y en transmitir y transformar.

Omitamos en nuestras consideraciones de momento la fase media de la vida y dediquémonos a los ritmos y simetrías en los tres septenios del desarrollo espiritual, el tiempo comprendido entre los 42 y los 63 años. A través de ellos, al mismo tiempo, nos percatamos de las simetrías que existen con los tres primeros septenios. El hombre ahora se encuentra en una fase en la que la individualidad se desprende paulatinamente del cuerpo físico. Podemos denominar este proceso como "proceso de excarnación". El esquema de la figura 8 así lo refleja con una línea ascendente. El proceso de excarnación, al contrario del proceso de encarnación, se lleva a cabo desde los pies hacia la cabeza. De los 42 a los 49 años, las fuerzas se desprenden del sistema metabólico y de extremidades. ¿Qué es lo que observamos? Los músculos se debilitan; al final de esta fase, la mujer deja de menstruar. El cuerpo transformado ahora puede comenzar a generar crecimientos descontrolados, cuando este proceso se lleva a cabo demasiado deprisa o cuando en la juventud se ha realizado una mala encarnación en el bajo vientre. El desprendimiento de las fuerzas orgánicas por otro lado posibilita el desarrollo de una nueva creatividad. En esta fase reflejamos el nivel orgánico del período de los catorce a los 21 años. Desde los 49 hasta los 56 años, las fuerzas se desprenden del sistema rítmico, del corazón y del pulmón. En este tiempo es necesario encontrar un nuevo ritmo vital más lento, que corresponda con nuestra degradación física. Es fácil que vuelvan las crisis asmáticas de la infancia o que se presente una enfermedad cardíaca. Reflejamos ahora el tiempo de los siete a los catorce años ¿Cuáles son las nuevas capacidades en el ámbito anímico-espiritual que nos permiten el desprendimiento de estas fuerzas? Se puede desarrollar un nuevo órgano sensible para el elemento moral, para la ética. Nos volvemos sensibles a las necesidades de la humanidad. Si logramos desplegar nuestra alma en este sentido, conseguiremos un efecto reparador y sanador sobre nuestro sistema de corazón y pulmón. Esto no significa que no sea posible desarrollar estas fuerzas ya en años anteriores. Pero desde el punto de vista fisiológico es ahora cuando alcanzamos la madurez suficiente. Entre los 56 y los 63 años se van desprendiendo las fuerzas de nuestro sistema nervioso y de los sentidos. Como ya hemos mencionado más arriba, nuestros sentidos ya no son tan receptivos. En esta fase de nuestra vida se refleja la fase del primer septenio en la que hemos desarrollado estos órganos. Si en los primeros siete años hemos empleado demasiada vitalidad para la consciencia, como puede suceder a través de un proceso precoz de aprendizaje, ahora nos encontramos ante el peligro de una esclerosis prematura. ¿Qué nuevos órganos perceptivos puede obtener nuestra alma en estos años? Ahora somos capaces de apreciar nuestro Yo como realidad espiritual con una fuerza creciente y de percibirlo como reflejo de la espiritualidad del cosmos. En esta fase se presenta un fuerte recogimiento interior.

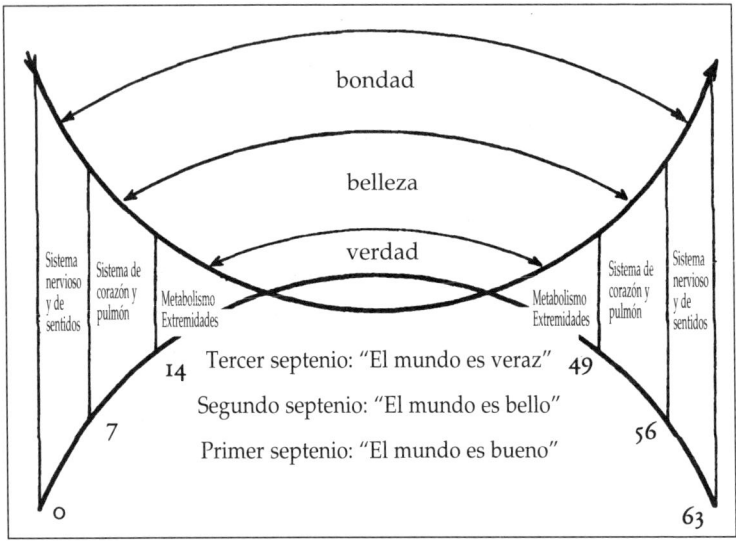

Figura 8: Simetría físico-espiritual.

Si las fuerzas de la encarnación no han conseguido una formación armoniosa de los órganos en la fase de los primeros tres septenios —las causas pueden ser genéticas, educacionales o del destino— también las fuerzas de excarnación tendrán ahora dificultades para desprenderse por completo. Es como cuando pasamos por encima de un alambre de espino y nuestra ropa se queda enganchada. A menudo es el médico quien tiene que ayudar en esta fase al desprendimiento armonioso de las fuerzas. A veces incluso se hace necesario intervenir con un tratamiento a partir de medicamentos.

La vivencia del primer septenio: "El mundo es bueno", del segundo septenio: "El mundo es bello" y del tercer septenio: "El mundo es verdadero", puede volver ahora de forma intensa como vivencia de la verdad, la belleza y la bondad.

Ahora volveremos sobre los tres septenios centrales, el tiempo del desarrollo anímico. En esta fase el Yo se ha liberado y puede comenzar a transformar lo aprendido y recibido en los primeros 21 años. El Yo de alguna manera vuelve sobre los tres primeros septenios y los transforma. Por ello, los 21 años se convierten en otro punto de simetría en la biografía humana. Nuestros impulsos emocionales, que comienzan con catorce años, se moderan, purifican y refrenan cada vez más. La fase del alma de sensación, o sea, el tiempo entre los 21 y los 28, se determina en gran medida por los episodios anteriores. En la mayoría de los casos, el joven comienza su formación profesional con 16 o 18 años y la termina entre los 24 y los 26; después comienza su vida profesional. Desde los 28 hasta los 35 años nos encontramos, por así decirlo, en la mitad de la vida. A la mitad de este período, cuando tenemos justo 31 años y medio, hemos profundizado al máximo en nuestro cuerpo con nuestro proceso de encarnación. Después vuelve a comenzar un desprendimiento paulatino. El quinto septenio también es el tiempo en el que somos muy egoístas. El pensamiento y los sentimientos - Rudolf Steiner llama esta fase el tiempo del alma de corazón y razón - deben ser integrados en su totalidad. Ahora vivimos una dinámica similar a la del segundo septenio. Las normas y costumbres del segundo septenio que nos atan y nos frenan, deben ser dejadas atrás definitivamente, para que podamos desplegar nuestro Yo con una libertad cada vez mayor. También debemos aprender a cambiar nuestros hábitos.

En la fase media de la vida solemos formar pareja. Entre los 21 y los 28 a menudo buscamos un compañero que nos complemente de algún modo. Tratamos de fundir las dos mitades para que una complemente a la otra. Es algo muy lícito en estos momentos de la vida. Sin embargo, después

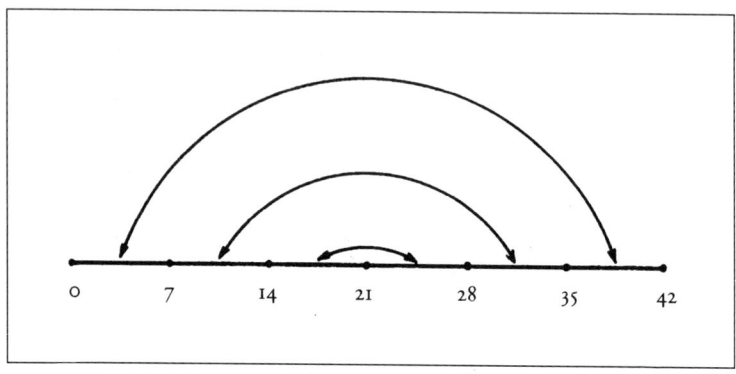

Figura 9: Reflejo anímico

de los 28 años es necesario que cada uno, como individuo que es, se convierta en un todo y que aprendamos a respetarnos y a querernos partiendo de esta totalidad. De esta forma, una relación que inicialmente tal vez haya estado cargada de expectativas y exigencias, puede convertirse en una libre entrega al otro y con el tiempo en un auténtico compañerismo.

De los 35 a los 42 años, en la fase del alma consciente, ya nos acercamos al tiempo en el que las fuerzas que se liberan del cuerpo posibilitan una mayor consciencia. Este pleno desarrollo sólo es posible, si en el primer septenio hemos alcanzado una corporalidad sana y completa.

Quien conozca la leyenda de Parsifal, puede seguir allí las biografías de las distintas figuras y se sorprenderá de encontrar sus propios procesos anímicos en forma de imágenes. A partir de un cierto momento, Parsifal vuelve a encontrarse con las mismas personas, tiene que repetir muchas cosas de manera transformada, tiene que desempeñar muchas situaciones del pasado y arreglarlas. A nosotros nos pasa lo mismo en la fase de los 21 a los 42 años, hasta que finalmente alcanzamos nuestra plena madurez. En nuestro curso vital no se repetirán siempre las mismas situaciones, tendremos que enfrentarnos a situaciones que se nos presentan en forma transformada o que suceden a otro nivel que es el anímico. Otra nueva simetría en la biografía humana se presenta alrededor de los 42 años. Hablaremos de ella más adelante.

Cuando tratamos de encontrar simetrías en nuestra biografía, siempre existe el peligro de querer predecir nuevas simetrías. Constituye un peligro por el hecho de que la vida es un constante proceso de metamorfosis caracterizado por procesos de transformación. Por ello, ciertos elementos vuelven a nosotros en otra forma.

Aparte de las simetrías y del ritmo de siete años, hay otros ritmos que juegan un papel fundamental en nuestra biografía. Un importante ritmo que ya hemos mencionado en varias ocasiones a lo largo de nuestras consideraciones acerca de la biografía, es el ritmo de los nodos lunares. Se repite cada dieciocho años y siete meses. La órbita solar y la lunar se cruzan, y éste punto se traslada por todo el zodíaco en el plazo de dieciocho años y siete meses. Justo después de este tiempo, la intersección vuelve a estar en la misma posición que en el momento del nacimiento de la persona.

La vida humana y la naturaleza reciben una fuerte influencia por parte de la Luna. Esta nos trae las fuerzas del pasado a la vida actual. De este modo, actúa sobre todo en el primer septenio, y sigue teniendo influencia hasta la casi completa formación del cuerpo a los 19 años. ¿Qué influencia tiene el nodo lunar sobre la persona en el ámbito anímico? Podría decirse, que en cada nodo lunar se deja atrás el pasado para vivenciar un renacimiento a través de la fuerza solar del Yo. Es imposible fijar el momento preciso del paso del nodo lunar en nuestra biografía para un día determinado, aunque es posible calcularlo con medios astrológicos. Nos referimos a un espacio aproximado de tiempo. En este tiempo es como si sintiéramos con más fuerza la individualidad de nuestro espíritu que es de naturaleza solar en sus tareas terrenales. También es un momento en el que las personas a menudo se ponen nuevas metas.

Al cumplir los dieciocho años y medio, en el momento del primer nodo lunar, nuestra propia personalidad se hace notar más. Empezamos a pensar de forma independiente y a menudo ya sabemos que profesión queremos ejercer, sabemos cuál es nuestra vocación.

El segundo nodo lunar, que se presenta alrededor de los 37 años, trae nuevas reflexiones acerca de nuestra profesión. En este momento nos encontramos ante la pregunta: ¿Qué queremos para el futuro? También aquí dejamos atrás un trozo del pasado. Otra cosa que podría decirse acerca de los nodos lunares sería: abren las puertas del cielo y nos permiten sentir de nuevo nuestras intenciones prenatales. Si hasta entonces todo en nuestra vida de algún modo sólo era una preparación, sentimos ahora con más fuerza nuestra verdadera vocación, y disponemos de la madurez humana para realizarla en el mundo. Por ello es bastante frecuente que en este momento se cambie de ocupación profesional o que sea ahora cuando se encuentra la verdadera misión en la tierra.

El tercer nodo lunar que atravesamos a la edad de unos 55 años y medio, nos plantea la pregunta: ¿Cómo nos vemos realizados en el mundo como personas, como Yo personal? ¿Qué nuevas tareas queremos realizar por la humanidad? ¿Cuáles son nuestras posibilidades, aunque tal vez las fuerzas físicas ya no sean tan resistentes?

De la mayoría de biografías se desprende, que las personas tienen dificultades para acordarse de la época de los 18 años y medio. A menudo, en este año de vida suceden cambios externos: el comienzo de unos estudios, viajes, etcétera. Son de gran importancia para la vida del hombre. Los 37 años, el momento del segundo nodo lunar, tiene un relieve especial para todo el mundo, y es vivenciado como un marcado cambio que se refiere sobre todo a los valores internos. Los 56 años, el tiempo del tercer nodo lunar, coinciden con el paso a un nuevo septenio. Aquí se plantea la pregunta: ¿Qué es lo que he conseguido y cuáles son las nuevas tareas o las nuevas posibilidades que aún tengo por delante?

En ocasiones también se puede observar que en algunas biografías la mitad del ritmo del nodo lunar, o sea, el período de nueve años, forma un cierto ritmo.

Otro ritmo fundamental en la biografía humana es el ritmo de Saturno. Se repite cada veintinueve años y medio. Entonces el planeta Saturno se vuelve a posicionar en el lugar de nuestra constelación natal. Saturno se encuentra opuesto a la Luna y está más relacionado con el enfoque espiritual de nuestro Yo. Nos proporciona indicaciones para la dirección espiritual de nuestra vida. En mi propia biografía he sentido un cambio más profundo entre los 59 y los 60 años que a los 56 años. Esto puede variar de una biografía a otra. También en el ritmo de Saturno podemos hablar de tres grandes fases. Atravesamos una fase preparatoria que llega hasta la edad de treinta años, después una segunda fase de realización de nuestro leitmotiv o de nuestras intenciones que abarca desde los treinta a los sesenta años y a partir de esta edad se lleva a cabo una retrospectiva y la preparación para el futuro.

En el curso vital de muchas personas podemos constatar también otros ritmos, como sería por ejemplo el ritmo de Júpiter. Cada doce años Júpiter vuelve a nuestra constelación natal. Puede significar para muchas personas un ritmo que se repite cada doce años y que sucede por tanto a los doce, los 24, los 36 años etcétera. Para otras personas, se manifiesta un ritmo de seis años, la mitad del ciclo de Júpiter. Júpiter trae sabiduría, armonía y orden a nuestra vida. Jesús aparece en el templo de Jerusalén a los doce años y a partir de este momento se realiza en él un gran cambio que también pueden apreciar sus padres. Se evidencia una nueva orientación del Yo.

En muchos niños a la edad de doce años ya se manifiesta su vocación profesional; algunos incluso ya tienen que comenzar a trabajar. Con veinticuatro años, por regla general, se termina la formación profesional, y con 36 estamos en condiciones de cumplir nuestro destino y nuestras tareas terrenales. Con 60 años coinciden los ritmos de Saturno y de Júpiter y sentimos: ¡Es una edad muy especial en la que vivimos ahora!

Otro ritmo distinto es el ciclo de 33 años. Está relacionado con las fuerzas de la muerte y la resurrección y con el hecho crístico. Ya lo comentamos más arriba. La fuerza crística que ha penetrado en la tierra desde el misterio del Gólgota influye nuestro Yo de forma intensa. Nuestro Yo tiene la misma naturaleza espiritual que la esencia de Cristo. El tercer año de vida, el noveno, el decimonoveno y después la fase de los treinta a los 33 años tienen una especial relación con estas fuerzas crísticas. Y a partir de los 33 años podríamos decir que la fuerza de resurrección llega a actuar en nosotros. Esto significa que de nuevo podemos enlazar nuestra biografía desde dentro. En los acontecimientos históricos a menudo encontramos un ritmo de 33 años que parece decisivo para la evolución de la humanidad.

Por otra parte, en nuestra propia biografía repetimos al nivel de consciencia la biografía de la humanidad en su totalidad. Si comparamos la evolución individual y la de la humanidad prestando atención a los hitos en el desarrollo de esta última, podemos decir que hoy se encuentra en la fase de los 35 a los 42 años, o sea, en la fase en la que el hombre puede desarrollar el alma consciente. Pero para lograr esta meta tenemos que trabajar en nosotros mismos. Por sí solo, nuestro desarrollo sólo llega hasta el alma de sensación, o sea, hasta los 28 años. Podemos observar que muchas personas en su desarrollo anímico se han quedado atascadas en la fase de los 21 a los 28. Permanecen en total dependencia de su entorno y de la opinión de otros, y soportan constantes subidas y bajadas emocionales. En las fases posteriores de nuestra vida, a partir de los 42 años, somos solitarios. La humanidad en su desarrollo integral aún no ha llegado a este punto. Las cualidades que podemos desarrollar en este tiempo están muy por delante del desarrollo de la humanidad. Por ello, las vivencias de soledad son tan frecuentes en esta fase. Sin embargo, es importante que en el desarrollo individual germinen semillas de futuro para toda la humanidad.

Segunda parte:

Trabajo en la propia biografía

7
Metodología

Después de obtener una panorámica general de todo el curso vital, podemos comenzar a trabajar en nuestra propia biografía. Según las preferencias de cada uno, hay distintas formas de abordar esta labor. Podemos escribir las vivencias que recordemos de nuestra vida en forma novelada. También podemos proceder de manera más sistemática, cogiendo por ejemplo una hoja de papel para cada septenio y anotando en ella los acontecimientos más importantes, a ser posible con las fechas correspondientes. Podemos doblar la hoja a lo largo en dos mitades; en un lado escribimos los acontecimientos externos de nuestra vida y en el otro, nuestros sentimientos. ¿Cuáles son los acontecimientos externos? Por ejemplo el nacimiento de un hermano o de una hermana, la muerte de una abuela, el traslado a otra casa u otro país; cuando hemos ido al colegio por primera vez, cual y de cuando es nuestro primer recuerdo, etcétera. En el lado derecho de la hoja podemos anotar nuestros sentimientos: ¿Cuál fue por ejemplo la relación con la madre y el padre? ¿Qué he sentido cuando nació mi hermana pequeña? De este modo se procede septenio a septenio.

También se puede coger una hoja grande que se divide en tres partes tanto a lo largo como a lo ancho. Así se obtienen nueve espacios en los que se anotan los acontecimientos. Se procede cómo sigue:

Se apuntan los acontecimientos desde el primer año

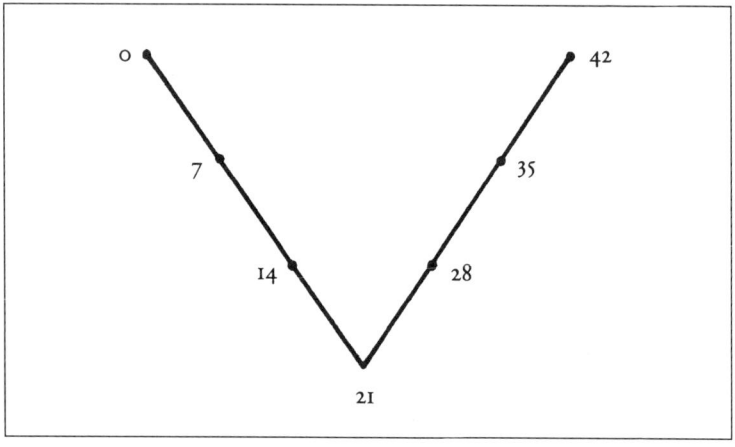

Figura 10: Reflejo anímico

hasta los 21 en los tres espacios de la izquierda siguiendo un orden de arriba abajo, y al llegar a los 21 años se asciende por los espacios del centro, desde abajo hacia arriba. Así, al mismo tiempo se obtiene la simetría —la hemos llamado la simetría anímica— del primer septenio con el sexto, del segundo septenio con el quinto y del tercero con el cuarto. ¿Qué es lo que podría descubrir por ejemplo? Podría descubrir, que una profunda depresión de causas desconocidas en la que caí a los 33 años, tiene que ver con la pérdida de mi abuela o de mi madre a los nueve años. O podría ver por ejemplo, que he dejado de pintar a los catorce años a pesar de tener un don importante para ello, y que ahora, de pronto, a los veintiocho años, siento el impulso de volver a comenzar con esta actividad. Cuando tengo más de 42 años, utilizo también la tercera columna de la derecha, que sirve desde los 42 hasta los 63 años, y procedo de nuevo desde abajo hacia arriba (véase también la figura 11).

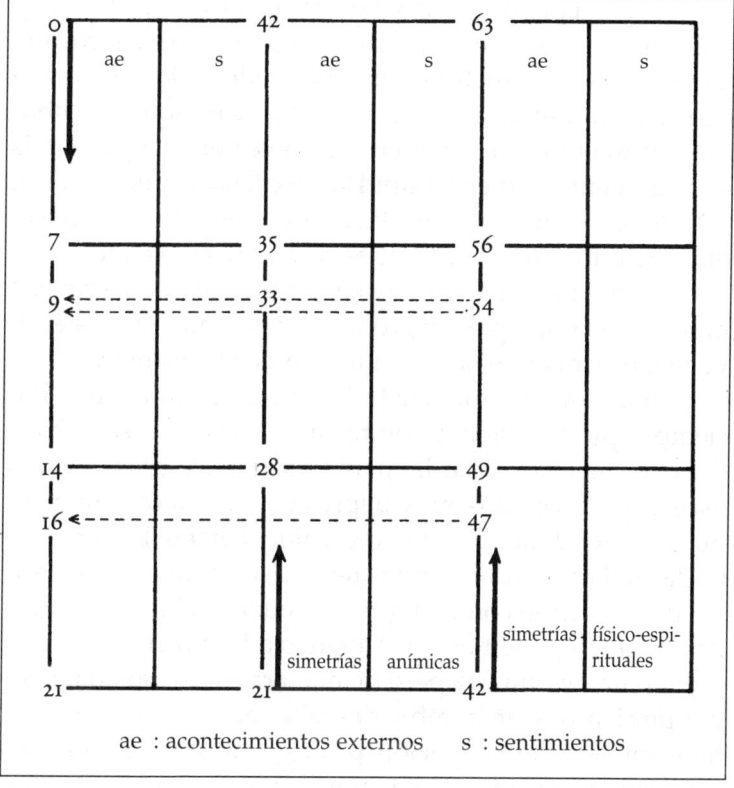

Figura 11: Hoja biográfica

La redacción de las vivencias personales ya es un acto terapéutico en sí. Ayuda a ordenar y a dar forma a los pensamientos. Cuando se relee un diario al cabo de los años, uno a menudo se sorprende de sí mismo. Muchas cosas no se comprenden sino desde la distancia. Por eso le recomendaría a cualquier persona a plasmar su biografía en un orden cronológico, ya sea en forma de diario o en hojas sueltas.

Es fácil colocar los acontecimientos principales de la vida en el presente esquema.

Cuando yuxtapongo las vivencias externas de mi vida y mis sentimientos en una hoja biográfica, descubro que también existen simetrías para el período de los 42 a los 63 años con la fase hasta los 21. En ocasiones aquí descubro acontecimientos que parecen extraños. Por ejemplo, a mis 47 años siento el fuerte impulso de construir una piscina. ¿De dónde viene este impulso? Parece del todo inexplicable. Cuando giro la vista atrás a mis dieciséis años, veo, que en aquel tiempo era una nadadora activa y entrenaba mucho. Otro ejemplo: de pronto advierto que a los 54 años vuelve el asma que no había tenido desde los nueve.

También puedo intentar trabajar con sentimientos. Por ejemplo puedo asignar colores a los distintos septenios; digamos un color amarillo para una gran alegría o un azul oscuro para estados más depresivos, etcétera. Entonces puedo averiguar qué colores coinciden en la simetría. Cada cual puede dar rienda suelta a su creatividad y decidir por sí mismo como quiere proceder. En la hoja biográfica también podemos estar atentos a las vivencias que se repiten una y otra vez pero de manera transformada. Para dar un ejemplo, un hombre descubre que cada nueve años ha cambiado de ocupación profesional. Ahora atraviesa por tercera vez este ciclo de nueve años y se da cuenta de que en su puesto de trabajo las cosas se le ponen cada vez más difíciles. Como ya ha cambiado dos veces de puesto de trabajo, se dice ahora: "tengo tendencia a cambiar de trabajo cada nueve años. Esta vez quiero intentar que no se repita la situación de las veces anteriores". Ahora pone todo su empeño en dominar la difícil situación que ha surgido en su trabajo. Después de un tiempo siente que su esfuerzo va dando frutos.

También es posible que advirtiera que en esta fase de su actual matrimonio se repiten los mismos elementos que ya he experimentado en un matrimonio anterior. El hecho de ser consciente de ello permite trabajar esos elementos de forma puntual. Tal vez en esta ocasión se consiga no llegar al divorcio, porque se intenta abordar y solucionar el problema desde dentro.

Una mujer joven se da cuenta de que es muy enamoradiza y que resulta muy atractiva a los hombres. ¿Es fallo de ella o de los hombres? Esta joven debe plantearse la pregunta: "¿Quiero cambiar esta situación o prefiero que se repita una y otra vez?"

Tal vez me doy cuenta de que trato a mis hijos de la misma manera que mi padre me trataba a mí y a mis hermanos. Y eso aunque a menudo he sentido intensamente lo doloroso que fue ese trato y el daño que me hacía. ¿Seguiré repitiendo ese modelo paterno o intentaré encontrar a partir de ahora formas propias de convivencia y de relación?

Un hombre que mira su biografía retrospectivamente puede observar que no había tenido juventud porque comenzó a trabajar demasiado pronto y tuvo que asumir mucha responsabilidad. También se había casado muy joven. Ahora tiene algo más de 40 años y sus hijos, sobre todo su hijo mayor, son ya adolescentes. El hijo tiene muchas amigas y es dueño de una moto; vive feliz y se divierte. En el padre surgen ahora recuerdos de su juventud perdida, y de alguna forma siente celos de su hijo. Le gustaría volver a ser tan libre como éste y poder pasear con las distintas amigas. Siente un fuerte impulso de irse de casa, para sentirse libre y volver a vivenciar esta fase de juventud. ¿Qué se hace con este tipo de sentimientos? ¿Dejamos que nos invadan libremente o intentamos transformar la envidia para conseguir una mejor comprensión de nuestro hijo y de su generación? ¿No sería mejor sentir alegría de que el hijo pueda gozar de unos hermosos años de juventud disfrutando de lo que a él no le fue posible?

Muchas personas hablan de lo que han dejado escapar en su vida, pero en el fondo no se han perdido nada; si en este tiempo hemos estudiado o trabajado, hemos puesto otra cosa en lugar de lo que creemos haber perdido. No se puede estar en dos sitios a la vez, como por ejemplo en América y al mismo tiempo en Europa. Quien haya vivido en Europa, no tiene que pensar después, lo que se ha perdido de América. Porque en Europa ha aprendido muchas cosas que en América no hubiera adquirido.

Debemos estar atentos a las oportunidades que se nos han presentado a lo largo de nuestra vida y si las hemos aprovechado bien, si estamos satisfechos con lo que hemos conseguido. Muchas personas están siempre insatisfechas porque no se encuentran en el lugar adecuado en su situación actual. O fantasean acerca de cómo serían las cosas en caso de estar allí o allá. Esto les produce una sensación de insatisfacción. Este tipo de personas después piensa que tienen que recuperar algo. Es cierto que hace falta recuperar ciertas cosas, pero hay que preguntarse en qué forma se hace. ¿Es oportuno que un hombre de 45 años se comporte como su hijo de dieciocho o existen formas más adecuadas para su edad de recuperar lo presuntamente perdido? ¿Podría recuperarlo de manera transformada?

Con los acontecimientos delante de nosotros y en posición de poder abarcar nuestra vida con la mirada podemos dar otros pasos. Por ejemplo, en un curso biográfico intentamos expresar nuestra biografía en forma artística, después de haber escrito nuestras vivencias de memoria. Podemos hacerlo con la pintura o el modelado si tenemos ese don y el tiempo suficiente. La tarea sería la siguiente:

Hacemos un dibujo para cada septenio. Si antes hemos logrado una sinopsis global de cada septenio, podemos plasmarlo con símbolos o colores en una hoja de papel. También podríamos escoger una escena o vivencia clave del septenio y expresarlo con formas y colores. Como ejemplo puede servir la figura 12 a, b y c. La mujer que las realizó ha escogido una forma simbólica para cada uno de los tres primeros septenios. Los dibujos originales están hechos con acuarelas; para este libro han sido reproducidos con plumilla. Las figuras 13 a - d y 14 a - d, expresan vivencias concretas. En los cursos biográficos advertimos a los participantes que no importa la belleza de los cuadros; los participantes deben estar más pendientes de sus vivencias internas durante el proceso de elaboración.

En la secuencia 13 es evidente que el participante ha llegado a empresario. Ya desde pequeño le habían fascinado todo tipo de mecanismos. Figura 13 a: El carro de caballos ha impresionado al participante cuando era niño. En el dibujo 13 b, el participante construyó sin ayuda una bomba de agua a la edad de sólo ocho años, y de pronto su madre recibía el agua en la misma cocina. Y en la figura 13 c ya es dueño de una pequeña granja; pero ya tiene la idea para una fabrica que representa en la parte de abajo del dibujo. En el dibujo 13 d consigue construir su propia fábrica y tiene la sensación de haber realizado sus proyectos.

Es evidente que la joven que ha pintado la secuencia 14 creció en la ciudad (en São Paulo), se casó y formó una familia feliz.

El paso siguiente en un curso biográfico consiste en formar un grupo de participantes. Se reúnen por su propia voluntad para intercambiarse sus biografías. Para ello pueden disponer de sus dibujos y de sus apuntes, pero deben intentar basarse en sus recuerdos y relatarlos libremente. Trabajamos en nuestros cursos con grupos de tres, cuatro o cinco, y como máximo, de siete personas. Es

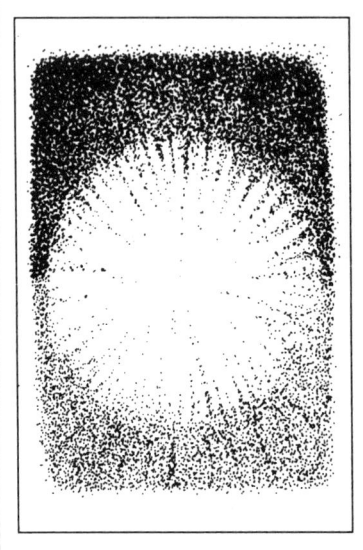
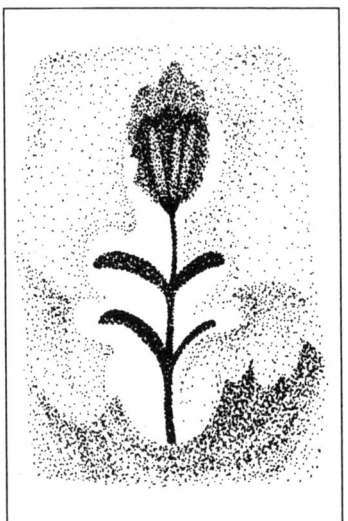
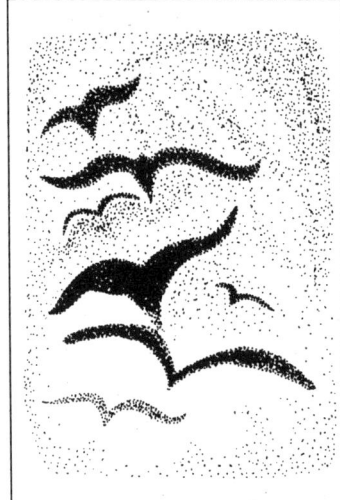

Figura 12:
Representación simbólica espontánea de los primeros tres septenios.
a: primer septenio
b: segundo septenio
c: tercer septenio

Figura 13 a

Figura 13 b

importante que cada participante relate y llene de nueva vida los elementos fundamentales de su vida. Sin embargo, le corresponde a cada uno decidir lo que quiere contar, lo que considera importante y sobre todo, que cuente sólo aquello que quiera.

En este trabajo en grupo vemos que los relatos de un participante despiertan recuerdos y sentimientos en los demás. Por así decir, despiertan en su interior y son más capaces de comprender también su propia biografía. La

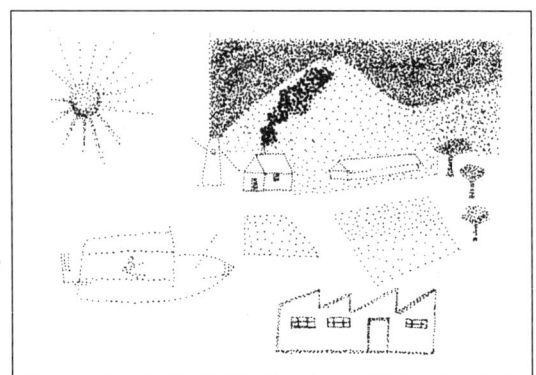

Figura 13 c

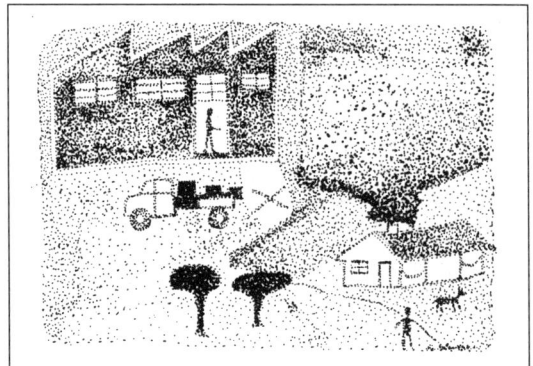

Figura 13 d

actitud entre los participantes es muy importante. Tratamos de desarrollar una actitud de asombro y de cálido interés dentro del grupo. Observamos cómo cada uno es el maestro de su propia biografía y cómo resuelve sus propios problemas. A través de preguntas podemos intentar aportar una claridad aún mayor a la consciencia del otro. Debemos aprender a escuchar a nuestros semejantes, a percibir, a reconocer y a entender lo que quiere expresar con sus palabras y lo que quiere descubrirnos. Este es uno

Figura 14 a

Figura 14 b

de los aspectos. El otro es que debemos tratar de expresarnos con la mayor claridad posible y formular nuestro relato de manera que les llegue a los demás y que lo puedan entender. También es importante no perdernos en detalles y anécdotas, y hablar de nosotros mismos y no de nuestro padre o de nuestro hermano. Lo fundamental es que nuestro relato se concentre en nosotros mismos. En el trabajo de grupo tratamos de crear una atmósfera de calor, incluso de calor del hogar, en la que cada participante se

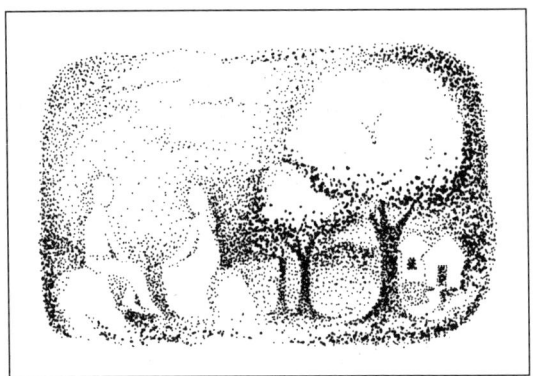

Figura 14 c

Figura 14 d

sienta protegido y arropado. Aunque también perciba sus limitaciones, la franqueza con la que se suele hablar le inspira confianza en los demás participantes. Cuanto más sincero sea el tono de conversación de las personas del grupo, tanto más se profundiza en la observación de las biografías.

Cada participante tiene un límite de tiempo que debe intentar observar. El grupo asume la tarea de percibir y de escuchar al otro, haciendo de espejo y de recipiente de acogida para aquel que expone su vida al grupo en forma de relato. El que relata por otra parte obsequia al grupo con las experiencias de su vida, con lo que el grupo al mismo tiempo tiene una función receptora. En la biografía de algunas personas se presenta la constante necesidad de relacionar los elementos del pasado con situaciones del presente. Dentro del grupo hay que tratar de evitar cualquier manifestación de crítica o de interpretación de la biografía presentada.

En ocasiones, los grupos trabajan solos. Sin embargo, la mayoría de los grupos de trabajo de "Artemisia" trabajan con un moderador. Su misión es la de coordinar el tiempo y ayudar al desarrollo del trabajo en grupo a través de preguntas.

El mismo trabajo que hemos descrito para grupos de trabajo puede llevarse a cabo de forma individual, como conversación entre paciente y terapeuta. Incluso puede hacerlo cada persona por sí sola.

Nuestros seminarios tienen una duración de cuatro a siete días. Así existe la posibilidad de estructurar el tiempo. O bien nos ocupamos de dos septenios cada día o abordamos una de las grandes fases de la vida. Para ello empleamos tanto la hoja grande de papel en la que hemos anotado los acontecimientos de nuestra vida como los ejercicios de pintura y la conversación en grupo. El penúltimo día tenemos que llegar hasta el momento actual. En la pintura podemos seguir trabajando del mismo modo o podemos plantear la tarea de realizar un dibujo que represente el momento actual del participante. Si en la pintura seguimos en la misma línea de los ejercicios anteriores, se elegirá una escena específica o un símbolo que caracterice la situación actual. Los ejercicios de pintura del último día del curso estarán dedicados a que cada participante exprese su futuro en el sentido: ¿Adónde me gustaría ir? ¿Cómo es el paisaje de mi futuro?

Si añadimos un nuevo ejercicio, pedimos que cada uno se represente en forma de una planta con la que se identifique. Después, el dibujo circula por el grupo para que los demás miembros del grupo lo enriquezcan con pequeños "regalos". Pueden representar un sol, la lluvia, flores multicolores que adornen la hierba, un jardinero que riegue la planta, personas que la rodeen, etc. (véanse figuras 15 a - c). No se puede cambiar nada de la planta dibujada originalmente, sólo está permitido enriquecer el entorno, el paisaje de la misma. ¡Es tan fácil caer en la crítica de la otra persona! Nos gustaría tanto poder cambiarla, pero la tarea social realmente difícil consiste en realzar sus propios valores (dibujando el fondo de la composición) y en darle lo que aún no tiene y le hace falta. Uno de los objetivos de este ejercicio es precisamente el de practicar esta entrega social. Cada participante debe partir de la idea de querer regalarle algo al otro para que su planta en el futuro pueda crecer mejor. Para finalizar, se discute el dibujo en el marco del grupo para que cada uno pueda manifestar lo que ha querido regalar y por qué lo hizo. El autor expone por qué eligió la planta en cuestión para representar su biografía. Este ejercicio suele producir manifestaciones muy interesantes y fomenta mucho el elemento social.

Los regalos recibidos de parte de los demás pueden ser

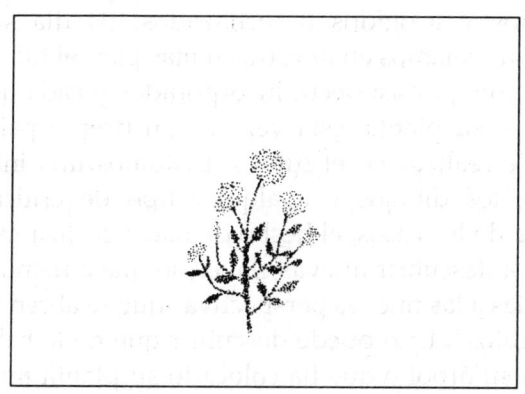
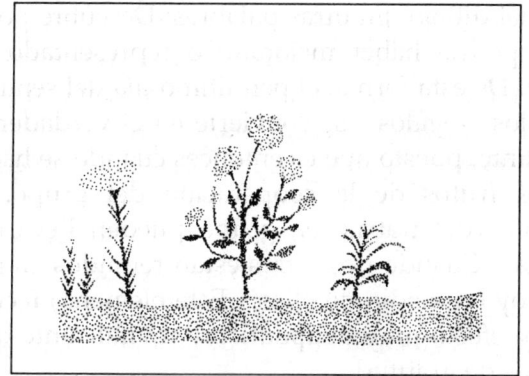

Figura 15 a-c

aceptados y acogidos o rechazados. Al día siguiente, cuando trabajamos en nuestras metas para el futuro, estos regalos son, por así decir, incorporados y cada uno pinta de nuevo su planta, esta vez con su propio paisaje que pretende realizar en el futuro. Evitamos una interpretación de los dibujos y cualquier tipo de crítica. En la mayoría de los casos, el hecho de haber realizado el dibujo lleva a descubrir nuevas claves, lo que a menudo sucede gracias a las nuevas perspectivas que se abren al recibir los "regalos". Uno puede descubrir que no le había dado raíces a su árbol o que ha colocado su planta muy en un borde del dibujo. En otras palabras: Descubre por sí solo lo que podría haber mejorado o representado de otra manera. De esta forma, el penúltimo día del seminario, el día de los "regalos", se convierte en el verdadero punto culminante, puesto que es entonces cuando se hacen visibles los frutos de la cooperación del grupo. Ciertos momentos del trabajo en grupo pueden llevarnos a la vivencia: "Cuando dos o tres están reunidos en mi nombre, estoy en medio de ellos". Este elemento fecundador tiene un efecto muy terapéutico y revitalizante que debe llenarnos de gratitud.

También se puede agregar el ejercicio siguiente: El día antes de que el grupo se dedique a la situación actual, cada participante antes de irse a dormir trata de visualizar a cada uno de los demás miembros del grupo formulando una pregunta que pueda ayudarle a lograr una mayor consciencia. Así, en un grupo de cuatro personas, cada miembro recibiría tres preguntas. Al día siguiente, estas preguntas se discuten junto a los "regalos" del dibujo. En todo el trabajo biográfico, lo más importante para el "terapeuta biográfico" es formular las preguntas adecuadas.

Si queremos una rápida visualización de nuestra biografía, en lugar de emplear una gran hoja de papel, pode-

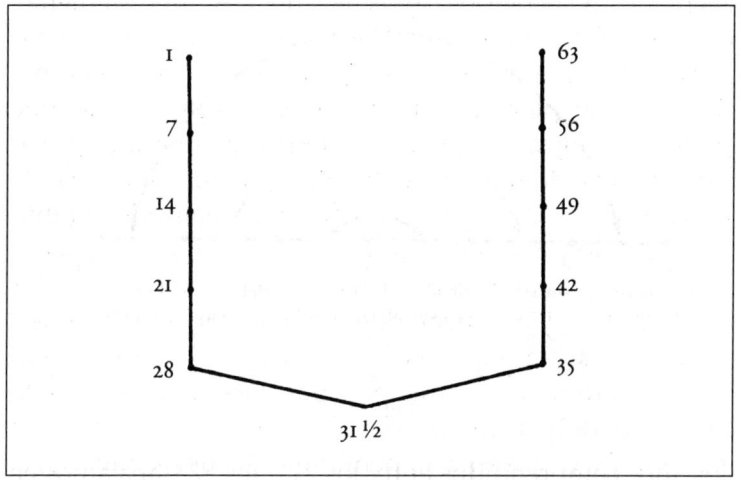

Figura 16: La simetría espiritual y fisiológica

mos utilizar alguno de los esquemas representados más abajo. El esquema de la figura 10 es más adecuado para personas de menos de 42 años. Enseguida se obtiene la imagen de las distintas simetrías. El esquema de la figura 16 es útil para personas de más de 42 años. También puede ser empleado a partir de los 35 años. En la estructura de este esquema encontraremos elementos diferentes que en el de la figura 10. En este caso hemos representado el proceso de encarnación en un lado y el de excarnación en el otro. En el centro se encuentra el punto de los 31 ½ años. Es el punto en el que estamos más fuertemente anclados en nuestro cuerpo y en la tierra. Nos daremos cuenta de que se trata de un momento que puede estar lleno de encuentros y acontecimientos.

Asimismo puede sernos útil el esquema que emplea los 42 años como punto de simetría (véase figura 17). Aquí se hace patente cómo nuestra alma se convierte cada vez más en el envoltorio de nuestro espíritu. Esto significa que en

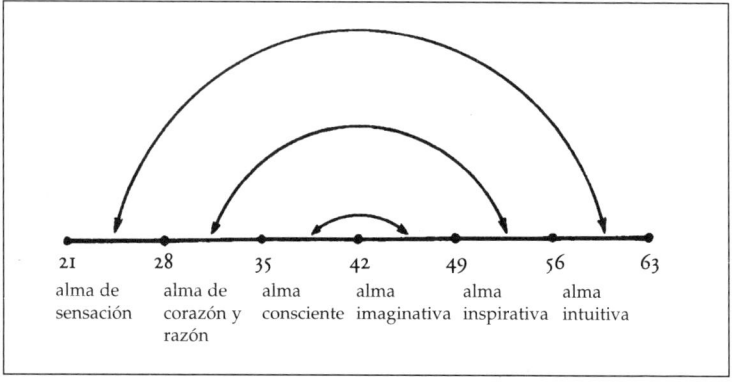

Figura 17

los años comprendidos entre los 21 y los 42 trabajamos en la transformación de los miembros de nuestra alma (alma de sensación, alma de corazón y razón y alma consciente) y ésta se convierte en el recipiente de nuestro espíritu. Utilizando una imagen: Nuestra piedra preciosa, el alma, puede pulirse de tal forma que en los años entre los 42 y los 63 sea capaz de reflejar (en forma de espejo) sin opacidad lo cósmico-espiritual para que de estos miembros anímicos puedan desarrollarse el alma imaginativa, inspirativa e intuitiva.

En "Artemisia" también hemos desarrollado otra forma de trabajo biográfico. Pueden realizarlo aquellos participantes que ya hayan asistido a un seminario de introducción al trabajo biográfico. Se utilizan los mismos esquemas, pero ya no se anotan los acontecimientos de la vida sino los encuentros que se hayan producido. Gracias a esta forma de trabajo, el participante del seminario llega a descubrir que el destino y la personalidad se han ido forjando a través de las personas que han pasado por nuestra vida. Surgen preguntas como: ¿De qué manera una persona determinada ha influido en nuestro destino desde el

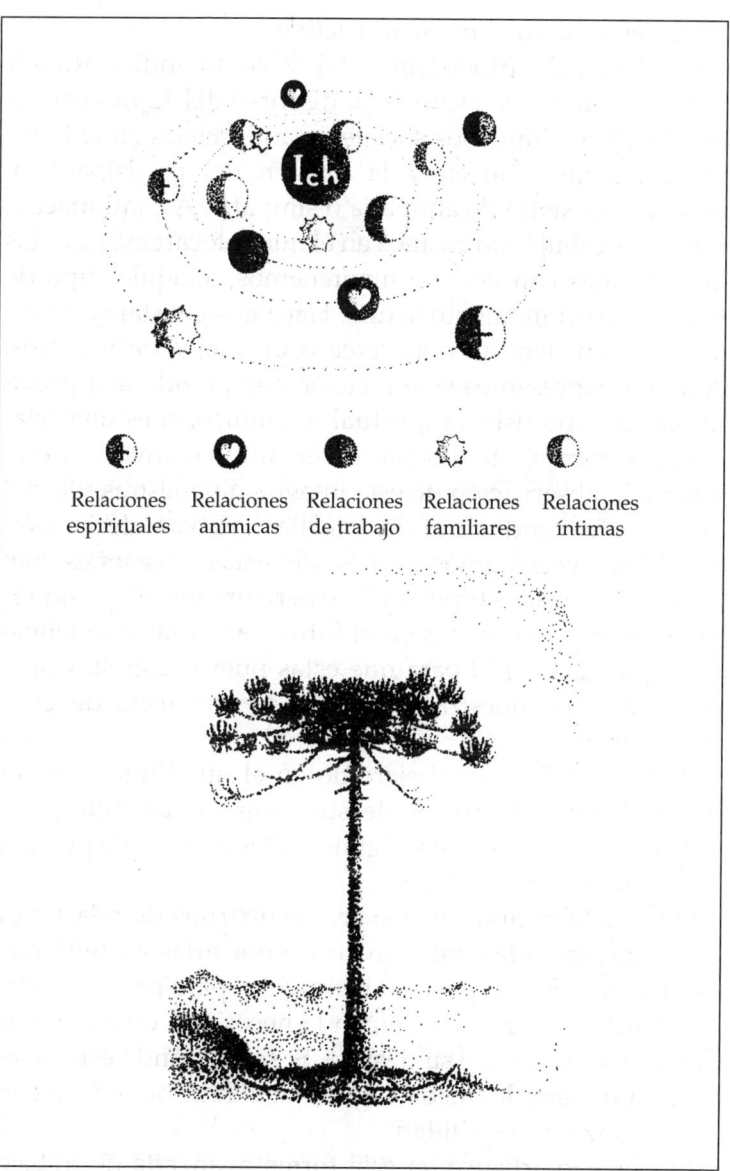

Figura 18

nacimiento hasta el momento actual?

En el trabajo procedemos tal y como indica Rudolf Steiner para un ejercicio en su discurso del 12 de diciembre de 1918: "Impulsos sociales y antisociales en el hombre". Tratamos de crear la imagen del participante y observarla exento de antipatía o simpatía. A continuación podemos dibujar un cosmos en el que colocaremos a todas las personas con las que mantenemos cualquier tipo de relación en el momento actual. Hacemos constar qué personas se encuentran más cerca o más lejos de nosotros. Además expresamos si la relación comprende una proximidad de tipo físico, espiritual o anímico, si es una relación de trabajo, etc. Podemos ser muy creativos en esta tarea y la observación de esta imagen de nuestras relaciones puede conducirnos a muchas nuevas decisiones. También averiguamos cuáles de estas relaciones han muerto y que arrastramos sólo externamente. Si queremos forjar nuevas relaciones en el futuro, seguramente tengamos que hacer sitio para que estas nuevas estrellas puedan entrar en nuestra vida. Esta es otra meta de gran importancia.

Ya hemos descrito el ejercicio en el que dibujamos un árbol observando cuáles de sus ramas están muertas y deben ser cortadas y qué significan los brotes que pueden desarrollarse en el futuro.

Otra meta podría ser volver a ocuparnos de relaciones antiguas o pasadas tratando de armonizarlas y equilibrarlas. Es un ejercicio que resulta muy útil para personas gravemente enfermas que sienten la necesidad de equilibrar ciertas cuestiones de su destino. Si se les brinda esta posibilidad, a menudo pueden aguardar el final de su vida con mayor paz y tranquilidad.

El ejercicio artístico en esta forma avanzada de trabajo en la biografía propia podría ser el siguiente:

Comenzamos dibujando toda nuestra biografía en una hoja grande en forma de río que atraviesa distintos paisajes. En ocasiones incluso desaparece bajo tierra y vuelve a emerger. Fluye a través de montañas, valles, áridos desiertos, etc. También podemos añadir las personas con las que nos hemos encontrado a lo largo de nuestro camino. Según el tipo de encuentro podemos representarlos con símbolos o con una figura humana; también podemos darles el aspecto de una planta característica. Llegamos a nuevas conclusiones que nos ayudan a profundizar en nuestra biografía y lograr una mayor objetivación de los acontecimientos vivenciados.

Otro recurso que utilizamos con frecuencia es el de convertir la propia biografía en un cuento de hadas. A menudo se llega a resultados muy bonitos, como es el caso de la biografía en forma de cuento de hadas que hemos visto anteriormente. El terapeuta que trabaja con biografías también puede valerse de este recurso. En ocasiones, el hecho de volver a contemplar la imagen vital en su totalidad ayuda a superar una visión predeterminada que tenemos de nosotros o de otras personas. En nuestro trabajo a menudo tratamos con pacientes que llevan años en tratamiento psicoanalítico; suelen estar empeñados en mantener determinadas interpretaciones sin poder liberarse de ellas. Para estas personas es una ayuda poder captar una imagen global de su biografía. Esta biografía se comprende como una gran panorámica de la vida o una gran conformación. Es importante que toda persona pueda llegar a sentir:

¿Cuál es el aspecto de mi perfil biográfico? ¿Cuáles son mis misiones en la vida? ¿Cuál es el hilo conductor de mi biografía? ¿Qué aspectos me gustaría cambiar?

A través de la comprensión de la dinámica de nuestra biografía somos más capaces de coger las riendas de nuestra vida y componer nuestra vida en una sinfonía inacabada.

Cuando me llevéis a la tumba, no digáis: "Al descanso eterno"
Junto al hábito de peregrino ponedme un par de botas para caminar.
Tres días descansaré, después el camino emprenderé -
entre glaciales y hogueras: estrecho es el sendero de los espíritus.
El aire de las alturas es bueno y pronto sanaré.
Mi paso, libre de ataduras terrenales, atraviesa siete esferas estelares.
Llevaba una vestidura terrenal, no libre de impurezas.
Mas en el rocío del fulgor lunar pronto se limpiará.
Si camino por el sendero de la penitencia fiel al trazado de plata,
a mi caminar prestará Mercurio sus sandalias aladas.
La fatiga del camino da paso al alegre impulso de los espíritus.
La misericordia de Venus brilla y rejuvenece al peregrino.
Glorificado por el resplandor de la rosa, pura como el lirio
el alma del hombre atraviesa la puerta del Sol.
El ángel del Sol da la bienvenida:
"¡Recibe la lanza y el escudo!"
Que te llaman a competir en los vastos campos de Marte.
Para que tu alma humana en espíritu universal se pueda convertir:
debes encender tu luz en el resplandor de Júpiter.
Saturno, que une la vida y la muerte, guarda un eterno tesoro.
Del silencio surge el nacimiento: al comienzo estaba la palabra.
La palabra universal resuena en toda la dimensión estelar
para relevar de la muerte al espíritu eterno.
Así crece el espíritu del hombre glorificado en la luz divina,
hasta volver a la tierra por un impulso de amor.
No conoce el descanso eterno, le va el hábito del peregrino,
más un par de botas para caminar por el sendero del destino.

Rudolf Meyer

8
La motivación vital
El secreto de poner metas

Toda persona en su interior siente las preguntas:
¿Cuáles son las motivaciones de mi vida? ¿Cuáles son mis tareas? ¿Cuál es mi misión? ¿Cuáles son mis capacidades? ¿Cuáles son las dificultades a las que me enfrento? ¿Por qué a lo largo de mi vida se repiten cierto tipo de situaciones? ¿Cuál es el hilo de mi vida, mi "hilo conductor"?

No sería posible responder a estas preguntas sin darnos cuenta de que somos ciudadanos de dos mundos, del mundo terrenal y del mundo celestial o espiritual. Por un lado disponemos de nuestro cuerpo biológico, de naturaleza terrenal y acuñado por la línea de nuestra herencia. Por otro lado, dentro de nosotros existe un Yo superior de naturaleza espiritual. Del mismo modo que nuestra herencia genética se debe a la larga sucesión de nuestros antepasados —aún hoy hay muchas personas que investigan su árbol genealógico— nuestro Yo también tiene un largo pasado. Éste en parte ha transcurrido en la tierra (lo que solemos llamar 'encarnaciones') y en parte en el cosmos. Los tiempos en el cosmos los podemos comparar a una semilla que en invierno descansa en la tierra esperando la primavera para germinar y crecer; o con un río que en parte de su recorrido es subterráneo e invisible para nuestros ojos. Las enseñanzas de la reencarnación fueron presentadas por Rudolf Steiner de un modo nuevo para la moderna consciencia de hoy y pueden encontrarse en muchos de sus discursos y libros.

Las corrientes terrenal y espiritual del ser humano encuentran su unión en la concepción y el nacimiento. En el cosmos, la individualidad que aún se encuentra en estado de germen espiritual, se prepara durante mucho tiempo para su existencia terrenal. La corriente genética lleva características constitucionales y físicas, y el germen espiritual escoge aquella línea genética que nos ofrece la constitución física adecuada. Esta nos sirve de instrumento físico que nos permite realizar nuestras intenciones espirituales aquí en la tierra. Si por ejemplo forma parte de mi intención desplegar mi genialidad en la tierra en forma de música, debo escoger un cuerpo que entre otras cualidades me ofrezca una buena capacidad auditiva. Si quiero actuar de médico, debo nacer en una familia que pueda brindarme esta posibilidad.

El Yo aporta intenciones prenatales que quiere realizar en la tierra. Para poder llevarlas a cabo, además aporta ciertas disposiciones de la existencia cósmica. Algunas de estas disposiciones se derivan de la esfera del zodiaco — el haber nacido bajo el signo de sagitario o de cáncer conllevará actitudes muy diferentes frente a la vida. Otras disposiciones proceden de la esfera de los planetas. Tal vez lleve más marcadas las cualidades de Marte que me predisponen con buenas dotes en el ámbito empresarial o puede que las cualidades de Saturno me insten a investigar ciertos asuntos muy a fondo convirtiéndome en científico, para dar sólo algunos ejemplos. Otras disposiciones dependen del temperamento. Éste puede estar más ligado al elemento del fuego o del agua, del aire o de la tierra.

Nuestra individualidad ya aporta las disposiciones que le confieren las influencias de las siguientes cuatro esferas: el zodiaco, las esferas planetarias, los elementos y la constitución física (la corriente genética). Podríamos decir que estas son las cuatro cuerdas que puede tocar nuestra individualidad para hacer sonar su música vital. Son disposiciones innatas que le permiten a la individualidad llevar a cabo su motivación vital aquí en la tierra.

Mientras que estas disposiciones son inherentes a nosotros, por otro lado nos encontramos con las circunstancias externas de la vida en que nacemos: nuestro entorno, el país, el idioma, los padres, la familia, el maestro y la escuela, la sociedad, la cultura y la época. Todas estas circunstancias contribuyen a la formación de nuestra personalidad. Así, a los 21 años salimos a la vida bien provistos, encontramos a nuestro compañero/a, nuestra profesión y nuestro puesto de trabajo, conocemos a otras personas junto a las que podemos crecer psíquicamente.

Poco a poco, cuando ya hemos rebasado los 30, nuestras intenciones vitales se van realizando cada vez más. Hasta entonces deberíamos conseguir enfocar nuestro empeño en cultivar nuestros dones y en hacerlos florecer. Por supuesto que depende de nuestra fuerza interior y de nuestra perseverancia, además de los pequeños y grandes obstáculos externos que se nos presentan, si conseguimos nuestra meta y podemos sentirnos realizados en nuestra personalidad.

A través de nuestra vida terrenal, nuestras disposiciones se convierten cada vez más en habilidades. Muchas de ellas nos las sacamos de la manga con toda facilidad, como suele decirse. Son aquellas que nuestro Yo aporta de otras encarnaciones. Otras habilidades, en cambio, debemos aprenderlas con mucho esfuerzo.

Ya hemos mencionado como a los 28 años la genialidad interior debe volver a ser construida desde dentro. En este momento dejamos atrás algunos de nuestros dones y otros son transformados para poder dar frutos para la humanidad. Cumplimos nuestras tareas y para ello transformamos nuestras disposiciones. Nos encontramos en la gran fase del "ser persona". Todo lo nuevo que se nos presenta tiene que ser practicado y aprendido, sobre todo el tratar con dificultades y obstáculos en el trabajo y en las relaciones. Todo el mundo conoce la experiencia de haber practicado con gran esfuerzo una tarea nueva, como por ejemplo unas palabras nuevas en un idioma extranjero o una pieza de piano, y como al día siguiente ésta ya aparece transformada en una nueva habilidad. Todo fluye más fácilmente. Cualquier proceso de aprendizaje se basa en esta transformación: lo practicado lleva a nuevas habilidades. Pero no todo lo que practicamos en esta vida conseguimos que también se transforme en habilidades. Sin embargo, es importante saber que los esfuerzos realizados no se pierden, sino que de alguna manera quedan almacenados, y si no dan fruto más adelante en la vida si lo harán en una próxima encarnación. Si conscientemente hemos dado forma a la fase de la vida que está dedicada a la "realización del hombre", miramos hacia el futuro con una mayor riqueza, sobre todo en la vejez, puesto que es entonces cuando se crean nuevos dones, nuevas motivaciones, nuevas genialidades para la próxima encarnación. De la misma forma que entre un día y el siguiente se halla la noche y muchas cosas se transforman de un día para otro durante el sueño, existe también una gran noche cósmica durante la cual lo practicado, las experiencias vividas y trabajadas se transforman en nuevos dones, nuevas motivaciones y habilidades. Podemos hablar de una biografía diurna —es la parte que acompañamos con nuestra consciencia— y una biografía nocturna que no podemos abarcar con la consciencia diurna. Sólo después de la muerte (cuando comienza la gran noche cósmica) podemos obtener una visión global experimentando la continuidad de nuestra biografía como un todo.

Una persona que está a punto de ahogarse o que recibe un fuerte shock (un accidente, una operación o algo similar) puede vivir una panorámica de su vida: en pocos segundos toda la vida se visualiza como un todo. También después de la muerte, el hombre atraviesa una fase en la que visualiza toda su vida como una panorámica global. Después pasa por el Kamaloka (o purgatorio) y las distintas esferas planetarias; Rudolf Steiner lo describe en muchas de sus obras. Las distintas fases después de la muerte tienen sus repercusiones directas sobre el curso vital del hombre en su próxima encarnación. Como ya hemos descrito, el ritmo de siete años es el resultado de que nuestra individualidad ha atravesado la esfera planetaria entre la muerte y el nuevo nacimiento. Y en las distintas fases de la vida se hace patente la influencia de las distintas fuerzas planetarias.

Cuanto más conscientemente tratemos de conseguir una visión global de nuestra biografía, tanto más conscientes estaremos después de la muerte, para analizar los frutos de nuestra vida y nuestros fallos y crear nuestro futuro con energía renovada. Porque lo que hemos conquistado en la tierra puede ser transformado después de la muerte. En el tiempo del Kamaloka se forma el impulso de volver a armonizar aquellos daños que hemos infligido a otra persona. De esta manera surge la necesidad de volver a encontrarse con esa persona en la nueva vida.

Si analizamos nuestros encuentros bajo la perspectiva de lo que cada persona significa en nuestra vida, logramos una mayor claridad en nuestras relaciones. El pasado y el futuro siempre se dan la mano y de la misma manera que el pasado determina nuestro curso vital desde un extremo, lo hace el futuro desde el otro. Las grandes crisis vitales también deben mirarse desde este ángulo. ¿Surgen del pasado o son inseguridades que intervienen desde el futuro? Una crisis puede presentarse porque de forma inconsciente ya esté asomando el futuro; ya puedo sentir los cambios que debo poner en marcha e incorporar, pero aún estoy atrapado por la situación antigua.

Si analizamos un momento del presente, pueden participar elementos tanto del pasado como del futuro. Ambos son elementos no conscientes. Podemos tratar de hacerlos cada vez más conscientes. Si somos capaces de lograrlo, estaremos en condiciones de conformar mejor y más conscientemente las metas para nuestro futuro.

La siguiente frase de Rudolf Steiner constituye un bonito broche para este tema:

> Germinan los deseos del alma,
> Crecen los actos de la voluntad,
> Maduran los frutos de la vida.
>
> Siento mi destino,
> Mi destino me encuentra.
> Siento mi estrella,
> Mi estrella me encuentra.
> Siento mis metas,
> Mis metas me encuentran.
>
> Mi alma y mi mundo son una sola cosa,
>
> La vida, será luminosa a mi alrededor,
> La vida, será profunda para mí,
> La vida, será fructífera en mí.
>
> Busca la paz,
> Vive en paz,
> Ama la paz.

Wahrspruchworte

9
Recomendaciones esquemáticas para encontrar metas personales

Después de haber trabajado acerca del pasado de nuestra biografía, debemos llegar a comprender plenamente el momento actual para poder ver nuestras metas con toda claridad.

Un buen ejercicio consiste en plantearnos la pregunta: ¿Cómo me veo dentro de diez años? A menudo es entonces cuando nos vemos obligados a reflexionar acerca del futuro y sobre nuestras verdaderas metas. Nuestra motivación vital está relacionada con nuestras metas. Quien no tiene metas en la vida, no siente ganas de vivir. Cuando una persona se encuentra sumida en una depresión, cuando la vida le parece baldía y vacía o se ha convertido en una rutina podemos ayudarle a encontrar nuevas metas. También a un enfermo o paciente terminal este trabajo le puede beneficiar mucho.

Existen metas a corto, medio y largo plazo.

Hay metas para distintos ámbitos de la vida. ¿Cuáles podrán ser? Expondremos algunos ejemplos y pautas para los distintos ámbitos:

1. El ámbito económico:
- nuestro sueldo
Por ejemplo: Quiero destinar el 20% de mi sueldo a la investigación contra el cáncer.

- nuestras pertenencias
¿Qué cosas quiero comprar?
¿Cómo quiero repartir mis pertenencias (testamento)?

2. Metas para la salud:
Por ejemplo iniciar un tratamiento homeopático, hacer deporte o cambiar algo en la alimentación.

3. Metas profesionales:
¿Cuál será el desarrollo de mi carrera profesional en el futuro?
¿Cuál es mi verdadera tarea, mi misión?
Por ejemplo: Aparte de mi profesión como ingeniero quiero dedicarme a la formación de jóvenes carpinteros.

4. Relaciones:
- relaciones familiares
- relaciones profesionales
Por ejemplo: cuidar mejor la relación con mi jefe para evitar conflictos y tiranteces. ¿Cuál es el procedimiento concreto para conseguirlo?

- amistades
- pareja

5. Metas para el autodesarrollo:
- de tipo espiritual:
Por ejemplo: participar en el desarrollo de ejercicios para una formación profesional. Decir una oración, practicar una meditación; retomar mis antiguas creencias; conocer una nueva filosofía de vida.

- de tipo anímico:
Por ejemplo: trabajar mi impaciencia, mi arrogancia.

- de tipo práctico:
Aprender a cocinar mejor; aprender a dibujar mejor.

6. Metas para la humanidad:
*Quiero contribuir de alguna forma a la ecología en mi país;
o al descubrimiento de un remedio contra el Sida;
o trabajar para el camino evolutivo de la humanidad.*

También podemos clasificar las metas en:
- METAS DE SUPERVIVENCIA
- METAS DE AUTORREALIZACIÓN
- METAS DE AUTODESARROLLO
- METAS PARA LA HUMANIDAD

Es lógico que los distintos niveles estén entrelazados. La clasificación arriba indicada sólo pretende ser una ayuda a la hora de trabajar en la fijación de metas.

10
Algunas preguntas en torno al trabajo en la propia biografía

Aparte de hacer una lista de acontecimientos (tanto positivos como negativos) de las distintas fases de la vida, las siguientes preguntas y pautas pueden servir de ayuda a la hora de encontrar un hilo conductor para cada período de la vida:

Hasta 7 años:
— mis primeros recuerdos
— las primeras impresiones sensoriales
— el hogar y su entorno así como las personas con las que convivíamos
— la relación con el padre, la madre, los hermanos, los abuelos. ¿Qué profesiones tenían?
— juegos

De 7 a 14 años:
— la escuela, mis maestros, el método pedagógico
— las normas y costumbres que me fueron inculcadas
— ¿cómo fue mi educación religiosa ?
— actividades artísticas practicadas (música, pintura, teatro, trabajos manuales, bricolaje, modelar, etc.)
— oportunidades para practicar deportes, excursiones, vivir la naturaleza
— vacaciones
— ¿Fue especial el décimo año de vida?

— ¿Y los doce años?
— ¿Qué cambios se presentaron en la prepubertad?
— ¿Cómo viví estos cambios?

De 14 a 21 años:
— ¿He evolucionado como persona en esta fase o he sido frenado en mis intenciones?
— ¿He tenido un campo de acción privado en el ámbito físico y psíquico?
— ¿Cuáles fueron mis ideales? ¿Quiénes fueron mis ídolos?
— ¿Qué personas han tenido una fuerte influencia sobre mí, tanto en lo positivo como en lo negativo?
— ¿Cómo he elegido mi profesión? ¿Fue especial el momento de los 18 ½ años?
— ¿He tenido la posibilidad de seguir formándome?

De los 21 a los 28 años
— ¿He acertado a la hora de elegir mi profesión?
— ¿He tenido oportunidad de conocer distintos lugares de trabajo?
— ¿He tenido experiencias profesionales en distintos campos?
— ¿He tenido un buen jefe?
— ¿Qué papeles he adoptado? ¿Alguno de ellos me ha costado especialmente?
— ¿Qué ideales tuve?
— ¿Qué dones he abandonado (que en la vida ya no se me exigían)?
— ¿Cómo elegí mi pareja?
— ¿Encontré una relación coherente con el mundo, con la organización en la que estoy inmerso, conmigo mismo?

De los 28 a los 35 años:
— ¿Pude desplegar mi individualidad sin trabas en esta fase?
— ¿Estuve subyugado o subyugué a otras personas?
— ¿Encontré el lugar adecuado para desarrollar mis actuaciones?
— ¿Cómo fue mi sensación vital, la consciencia de mí mismo?
— ¿Qué encuentros importantes tuve entre los 30 y los 33 años?
— ¿Apareció una nueva tendencia en mi vida?

De los 35 a los 42 años:
— ¿Han aparecido nuevos valores en mi vida?
— ¿Fui capaz de transformar mi vida en consecuencia?
— ¿He sentido un cambio profundo en torno a los 37 años?
— ¿Estoy encaminado a cumplir mi camino, mi misión?
— ¿Encontré el sino de mi vida y lo acepté?
— ¿Cómo me veo a mí mismo, cómo me ven los demás y cuáles son las ilusiones que perdí en esta época?

De los 42 a los 49 años:
— ¿En qué dirección desarrollé nueva creatividad?
— ¿Nuevos hobbies?
— ¿Cuáles son las genialidades y los dones que enterré y que puedo volver a sacar a flote?
— ¿Me procuré un sucesor que continuara con mi trabajo?
— ¿Soy capaz de regalar los frutos de mi vida?

De los 49 a los 56 años:
— ¿Pude encontrar un nuevo ritmo de vida?
— ¿Cómo es mi ritmo diario, semanal, mensual y anual?
— ¿Cuáles son las ramas secas de mi árbol que debo cortar para que puedan desarrollarse brotes nuevos?

De los 56 a los 63 años:
— ¿Cómo veo mi biografía en su totalidad? ¿Cuál es el hilo conductor de mi biografía?
— ¿Qué pude realizar? ¿Qué tarea me queda por cumplir?
— ¿Cómo me manejo con mis dolencias físicas?
— ¿Qué puedo hacer para cuidar mi cuerpo, pero sobre todo mis sentidos y mi memoria?
— ¿Hay relaciones que han permanecido insolubles? ¿Qué puedo recuperar aún?
— ¿Qué hay de mis bienes materiales?

A partir de los 63 años:
— ¿Qué quiero aprender en el futuro?
— ¿Qué nuevas dimensiones surgen en mi consciencia?
— ¿Siento misericordia, gratitud, alegría?
— ¿Soy capaz de conservar algunas fuerzas de la infancia y juventud? ¿Cómo?

11
Autobiografía de la Autora

Al final de nuestras consideraciones sobre trabajo biográfico y leyes de la biografía quiero plasmar mi propia biografía. La he redactado para corresponder con un gesto de gratitud a todas aquellas personas que me han confiado su biografía y que de esta manera han hecho posible la presentación de este libro.

Mis padres procedían de Alemania. Mi padre era de Berlín. Después de la Primera Guerra Mundial realizó allí una formación como fisioterapeuta para emigrar a Brasil en 1920. Al comienzo trabajaba en el Instituto Fisioterapéutico de São Paulo para después fundar su propio instituto en el centro de la ciudad. Mi madre era de una región que hoy pertenece a Polonia. Mi padre la hizo venir de Alemania para casarse con ella sin ni siquiera conocerla, por el simple hecho de ser la hermana de su cuñada. Pero sólo un año después de la boda se separaron. Antes de mi nacimiento la madre de mi padre también había venido a Brasil procedente de Europa.

Los primeros ocho meses de mi vida los pasé fuera de São Paulo en las orillas de un lago. Allí la naturaleza era impresionante, con agua cristalina y aire puro. Desde mi primera infancia, toda la familia se bañaba desnuda en el lago. Mi madre me amamantó hasta los nueve meses. Mi padre trabajaba en el centro de la ciudad y sólo venía los fines de semana. No conozco las razones del divorcio de mis padres, pero supongo que mi madre se sentía muy sola. Además se dice que era muy celosa.

Al comenzar mi segundo año de vida quedé al cuidado de mi abuela y de mi padre. Mi abuela fue la completa sustitución de mi madre. Nos mudamos a un barrio de São Paulo que no quedaba lejos del centro de la ciudad pero que aún estaba rodeado de naturaleza y campo. Las vacas acudían a la valla de nuestra parcela para comer los desperdicios. A menudo venían grandes lagartos y una serpiente procedentes del jardín vecino que cruzaban nuestra finca. Me movía por el jardín con toda libertad y en verano estaba casi siempre desnuda. Detrás de la casa tenía un gran arenero que se llenaba de agua cuando llovía. Me encantaba chapotear en él.

No recibí vacunas ni medicamentos de ninguna clase. Cuando enfermaba, mi padre me envolvía en mantas gruesas que ayudaban a curarme a base de sudar.

En mi infancia crecí plenamente con el idioma alemán. A la edad de cuatro años y medio apareció una madrastra en mi vida. Aún recuerdo la boda. En aquella época, mi madrastra y mi padre eran seguidores de "Mazdaznan", una enseñanza persa que se basa en la adoración del sol. Cada domingo acudíamos a la logia. De este tiempo recuerdo sobre todo los bellos cánticos que se escuchaban allí y que estaban dirigidos al sol. En la logia tuve contacto con otros niños, pero por lo demás crecí como hija única. Mi padre siempre estaba muy orgulloso de mí y más tarde me enteré de que mi abuela me malcriaba mucho. Dormía en la misma habitación de ella. Mi padre y ella de alguna manera eran personas poco cálidas, sin embargo eran muy cariñosos. Mi padre y yo solíamos ir de excursión todos los domingos.

Mi madrastra, en cambio, apenas intervino en mi educación. Era una mujer especial, una argentina de ascendencia alemana. Era su tercer matrimonio y nunca había tenido hijos. Amaba la naturaleza y las plantas. Cuando fue ampliada nuestra casa comenzó a cultivar orquídeas, cactus y otras plantas raras. También atrapaba los grandes lagartos y los cuidaba. Además tenía un pequeño gato atigrado que siempre estaba en los árbo-

les de nuestro jardín. Cuando hoy vuelvo la vista atrás sobre mi primer septenio, veo que mi madrastra aportó cierta belleza y estética a nuestro hogar. Sobre todo consiguió enseñarme buenos modales.

Con especial cariño y alegría recuerdo las vacaciones de Navidad de aquella época que pasábamos en casa. Mi padre había plantado un pequeño bosquecillo en nuestro jardín y cada año en Navidad se subía al árbol más alto a cortarle la punta de la copa para que sirviera de árbol de Navidad.

Otra persona importante en mi primer septenio fue una prima de mi madre que vino a visitarnos. Para mí era la 'tía Emma'. Era antropósofa y me contaba cuentos maravillosos. Desarrollé una relación profunda con mi tía Emma que tuvo sus repercusiones en fases posteriores de mi vida. Esta tía fue quien tradujo al portugués el ensayo de Rudolf Steiner "¿Cómo se alcanza el conocimiento de los mundos superiores?". Fue la primera traducción de una obra antroposófica al portugués. La tía Emma también quiso enseñarme a tocar el piano por lo que un piano nuevo entró en nuestra casa.

Con seis años empecé a ir al colegio. Como no hablaba portugués, fui al colegio brasileño-alemán. Cuando acudí con mi padre el primer día de clase vi que en el patio no había ni un sólo árbol. Muy decididamente le dije a mi padre que no me iba a quedar en ese colegio. Él respetó mi deseo. Al fin fui escolarizada en un colegio de monjas que estaba cerca de mi casa y al que podía ir andando. Antes tuve que aprender el portugués. En el colegio de monjas no tardaron en aparecer nuevas dificultades para mí: no estaba bautizada. Mi padre quería que más adelante escogiera mi propia religión. Las hermanas no estaban de acuerdo y durante toda mi escolaridad intentaron convertirme a su religión. Sin embargo, no lo consiguieron. Yo tenía mi propia religión, coleccionaba estampitas de los santos y construí mi propio altar con piedras, velas y plantas.

Otra dificultad fue que mi alimentación era vegetariana.

Como el horario del colegio era de ocho de la mañana a cinco de la tarde, tenía que traer mi comida de casa. Recuerdo que mis compañeras mostraron un fuerte interés por mi comida y a menudo tenía que compartirla con ellas.

Entre los seis y los catorce años tuve que enfrentarme a un nuevo reto: Cada dos años tenía que ir a ver a mi madre. En un principio había vuelto a Alemania, pero más adelante cambió su domicilio a Río de Janeiro. Mi madre no veía con buenos ojos que yo fuera vegetariana y quería obligarme a comer carne. Como vomitaba todo, renunció a volverlo a intentar. También estaba acostumbrada a bañarme en una bañera y ella estaba empeñada en que me duchara. Sentí que de ella irradiaba una fuerte agresión y en el subconsciente de mi alma apareció el pensamiento: Cuando una persona es mala y agresiva, algo debe estar mal. En consecuencia no tuve ninguna relación interior con mi madre y mis estancias no mejoraron hasta que se volvió a casar y trajo al mundo dos hijos más. Después del tercer hijo la asaltó una enfermedad mental y de vez en cuando tuve que visitarla en el sanatorio. Para mí fue una gran carga anímica y tardé mucho tiempo en poder tratar con pacientes psiquiátricos.

A la edad de nueve años hubo un gran inciso en mi vida. Camino de la escuela de natación me atropelló un coche. Mi caja torácica estaba completamente hundida y tenía catorce costillas rotas. Aún recuerdo como el conductor del vehículo —era negro— se inclinó sobre mí para ver mi cara. Recuerdo además que en la ambulancia con gran esfuerzo tuve que repetir una y otra vez el número de teléfono de mi padre. Al llegar al puesto de primeros auxilios, mi padre ya estaba allí y enseguida intentó que me ingresaran en un hospital. La gente decía que no merecía la pena puesto que de todas formas moriría. Con la ayuda de algunos médicos amigos finalmente consiguió que me ingresaran en el Hospital Alemán. Y por increíble que parezca, después de tres semanas estaba completamente restablecida. Mi padre estaba muy orgulloso de mi salud y adjudicaba la pronta curación a la vida sana que llevaba.

Con diez años tuve el deseo de cambiar de colegio. Empecé a ir a un colegio brasileño-alemán. Pero allí también me sentía extraña, puesto que de nuevo había algunos niños que sabían que era vegetariana y seguidora de "Mazdaznan" y se burlaban de ello. Eran tiempos de guerra y estaban prohibidas las clases en alemán. Algunos profesores eran muy estrictos y a menudo me daban con el cuaderno en la cabeza. Recuerdo una frase que decían: "Los tontos, tontos son. No mejoran ni con pastillas ni con compresas frías". Después de algún tiempo conseguí entablar amistad con varios de mis compañeros. Íbamos juntos a un club deportivo y empecé un entrenamiento de natación y saltos.

Alrededor de mis doce años falleció mi abuela. Mi padre me pidió que le colocara una rosa en las manos. Me costó mucho, y más tarde me di cuenta de por qué me costaba tanto ayudar a preparar los cuerpos de mis pacientes fallecidos. Con la muerte de mi abuela tenía una habitación para mí sola.

Me fui de vacaciones y allí tuve oportunidad de ver a mi futuro marido, aunque sólo desde muy lejos. Mi madrastra ya no consiguió meterse mucho en mi educación. Tampoco paraba mucho por casa. Durante mi juventud y hasta los 17 años seguí asistiendo al club deportivo y a natación. Teníamos un estupendo profesor de natación japonés que era una especie de ídolo para nosotros, los jóvenes. Yo seguía siendo muy tímida; mis amistades siempre estaban basadas en la camaradería.

Desde los doce años sabía que quería estudiar medicina. No sabría decir si era el deseo de mi padre o el mío propio. Sólo puedo decir que la vida ha ratificado tal decisión. Dentro de mí habitaba una gran disposición hacia la medicina. Si el deseo partía de mi padre, sólo puedo agradecerle que me lo transmitiera.

Después de otro cambio de escuela con 14 años empecé a comprender y a amar la química, la física y las matemáticas, y por supuesto por encima de todo la biología.

Un año antes del examen de admisión para la carrera de medi-

cina dejé la natación y me dediqué de lleno a los estudios que quería comenzar. En consecuencia engordé más de diez kilos.

Todavía en la época del colegio brasileño-alemán me interesaban mucho las clases de religión protestante y con 14 años quise ser confirmada al igual que mis compañeras. Sin embargo, mi padre opinaba que sólo me atraía el vestido blanco y la fiesta y me hizo cambiar de idea.

Con 16 años me enamoré platónicamente de un nadador chileno doce años mayor que yo. El asunto se quedó en un intenso carteo.

A la edad de 18 años empecé la carrera en la facultad de medicina. Aprobé el examen de admisión a la primera y comencé los estudios con gran entusiasmo. Todo me fascinaba, sobre todo la anatomía y también la histología. Pasaba horas sobre el microscopio para estudiar el aspecto de los tejidos. Con esta actividad, mi vista empeoró de tal forma que tuve que llevar gafas con mucha más graduación.

En los primeros seis semestres me convertí en la mejor estudiante de la universidad y recibí toda clase de galardones. En el sexto semestre empecé a trabajar de forma práctica en el hospital. Me gané la confianza de mi jefe y ya en el cuarto año de carrera me encargaba de un grupo de doce pacientes a los que incluso recetaba medicinas. Estuve más relacionada con mis maestros que con mis compañeros de carrera.

Alrededor de mis 18 años, mis padres se interesaban cada vez más por la antroposofía y comenzaron a asistir a conferencias antroposóficas. A los 21 años cayó en mis manos un librito de Ehrenfried Pfeiffer que me llevó a hacer ensayos de cristalización en el laboratorio de mi jefe, que era oncólogo. Quien conoce estos experimentos sabe que hace falta tener buena técnica para que una cristalización salga bien. No me sentía atraída por esta precisión técnica. A pesar de ello un día conseguí una imagen de cristalización y la experiencia de ver todos los cristales agrupados alrededor de un punto irradiando hacia la periferia me *impresionó enormemente. De pronto me convencí de que hay un elemento espiritual que forma la materia y le da una dirección. Esta vivencia la podría calificar como una vivencia del Yo.*

A la edad de 21 años surgió en mi el deseo de hacer un viaje en solitario y tuve la oportunidad de ir a Argentina. Mi padre confiaba en mi y mi inocencia me protegía. Era una característica de toda esta fase, puesto que a menudo llegaba tarde a casa después de visitar distintas escuelas artísticas y obras de teatro con mis compañeros de carrera.

La antroposofía amplió mi horizonte enormemente. A los 22 años vino a Brasil el Dr. Maijen, un viejo médico antroposófico procedente de Hamburgo y dio varias charlas sobre Goethe. En esta ocasión conocí a mi primer marido, Peter Schmidt. Era de Estados Unidos y estaba pasando sus vacaciones en Brasil. Estas vacaciones sólo duraban tres semanas y aprovechamos el tiempo al máximo para conocernos. Luego tuvo que volver a Estados Unidos a terminar su carrera. Surgió una viva correspondencia que desembocó en un compromiso de matrimonio plasmado en tarjetas postales. Al principio, mi padre no estaba muy contento con este paso; pero como antes de nacer el péndulo había dado para mi el nombre de Peter, lo tomó como un aviso del destino. Su única condición fue que terminara mis estudios. No me costó aceptarla porque tampoco sentía ganas de abandonar la carrera. Mi prometido, en cambio, interrumpió sus estudios y los dejó sin terminar porque algunos asuntos importantes le volvieron a traer a Brasil —de los que mi existencia por supuesto era uno. Después de su llegada nos casamos aunque la separación nos había distanciado un poco. Pero como mis padres querían viajar a Europa y teníamos que guardar la casa decidimos casarnos enseguida. Al dirigir la vista atrás, los dos pensamos que habría sido mejor que entonces nos hubiéramos tomado más tiempo, puesto que además se trataba de mi primer amor.

Durante los años de carrera, a los 23, tuve a mi primera hija, Aglaia. Nació en la Clínica Universitaria. Pude dejarla en la guardería de las enfermeras y así fue posible amamantarla incluso estando en la universidad. Fue difícil para mi no poder cumplir plenamente con mis obligaciones de madre durante los estudios. Vivíamos en casa de mis suegros y surgieron grandes conflictos entre ellos, mi marido y yo.

Con 24 años conseguí mi diploma médico y el año siguiente trabajé de medico asistente en el departamento de medicina interna. Mi padre ya estaba ansioso de que me ocupara de la asistencia médica del Instituto Fisioterapéutico. Me puso una consulta. De esta manera, estando aún en la Universidad podía trabajar al mismo tiempo en una consulta particular.

Con 25 años nació mi segunda hija, Solway. Ya entonces me di cuenta de que la medicina me era fácil. Sin embargo, criar a mis hijos y tener una familia era algo nuevo para mí y con gran esfuerzo conseguí adaptarme paso a paso.

A mis 26 años, mis suegros y varios matrimonios más fundaron la Escuela de Pedagogía Waldorf de São Paulo. Decidí ser médico del colegio. Interiormente me encontraba ante la pregunta: ¿Cómo puedo ser médico de una Escuela Waldorf si aún no conozco la medicina antroposófica? En este instante decidí escribir al entonces Instituto Clínico-Terapéutico de Arlesheim. Establecí contacto con el Dr. Alexander Leroi, un médico portugués que trabajaba en el instituto. Mi marido y yo preparamos un viaje a Europa. Mi marido fue a visitar la sede suiza de la empresa "Giroflex", la casa central de su empresa brasileña y yo pude ir a Arlesheim con una beca de Weleda. Allí tuve ocasión de asistir a un curso de introducción para médicos de un mes de duración. Me fascinó la euritmia. Aún no entendía mucho del contenido de las conferencias. Pero Arlesheim me gustaba mucho y me fui introduciendo cada vez más en ese mundo. Mi marido, que me visitaba los fines de semana, se asombraba de ver mi transformación interior. Después de terminado el curso seguí trabajando en la clínica con el Dr. Alexander Leroi durante otros tres meses y entre nosotros se forjó una profunda amistad que se prolongó hasta el final de su vida.

Cuando tenía 27 años, visitó Brasil con su mujer. En nuestro cuarto de baño encontró nuestro botiquín en el que se guardaban los medicamentos que mi marido envasaba en frascos más pequeños que repartíamos entre los pacientes. En este momento decidimos fundar una "Weleda" brasileña. El mismo año falleció mi madrastra. Por otro lado fue un año en el que acudían cada vez más maestros europeos y sobre todo alemanes a la Escuela Waldorf de Brasil, y se formó un vivo círculo de trabajo.

Con 28 años pasé la rubéola junto con mis hijas.

Mi marido y yo nos incorporamos a varios grupos de trabajo de base antroposófica y a un equipo de trabajo con los maestros de la Escuela Waldorf. Fue una fase de muchos descubrimientos nuevos en nuestras vidas. Estábamos en contacto con mucha gente joven. Cuando me quedé embarazada de mi tercer hijo, Thomas, tuve el deseo de tomarme un descanso en el trabajo. A pesar de estar encinta, viajamos a Europa e hicimos un maravilloso viaje por Italia.

Dos meses después de nuestra vuelta nació Thomas. El tiempo de lactancia de mis hijos siempre me resultaba muy grato y podía concentrar toda mi atención en los niños. En otros momentos sentía dentro de mí una cierta división; por un lado tenía que atender a mi familia y por otro mi trabajo en el campo de la medicina. Desde mi punto de vista de ahora pienso que cargué con demasiadas responsabilidades desde muy temprano. Pienso por ejemplo en las expectativas de mi padre con respecto a tener que responsabilizarme del Instituto Fisioterapéutico. Nunca enfermé y los únicos momentos en que podía quedarme en casa eran los embarazos y los períodos de lactancia. Por esta razón los disfruté especialmente.

La Escuela Waldorf había comprado nuevos terrenos a las afueras de São Paulo y muchas personas interesadas en la pedagogía Waldorf se instalaron en la parte sur de la ciudad. Entre los profesores jóvenes de Europa y los mayores que ya llevaban más tiempo aquí a menudo surgían conflictos. Como yo era la responsable oficial de la escuela ante las autoridades, algunos profesores intentaron aprovecharse de mi para conseguir ventajas personales. En mi inexperiencia en cuanto a las relaciones humanas fui involucrada en asuntos que me superaban. Podría decirse que hubo un rasgo lucifèrico en estas intrigas que hizo que sintiera una fuerte tentación. En ocasiones tenía que adoptar un papel protagonista y muchos maestros se enamoraron de mí. Un día llegué a una conclusión: estas situaciones se presentan porque yo irradio algo que induce a los maestros a reaccionar así. Desde entonces fui capaz de manejarlo mejor.

A los 30 años y cuando Thomas tenía 7 meses, mi padre enfermó de un cáncer de tiroides. Le costó mucho entender que con la vida tan sana que había llevado había contraído esta enfermedad. Después de ser operado y tratado con radiaciones viajó a Arlesheim para ser atendido en la Clínica Ita Wegman. Pude acompañarlo en sus últimas tres semanas de vida. Murió un Jueves Santo en una Clínica especializada en Basilea. Inmediatamente después de la cremación volví a Brasil.

Ya antes habíamos iniciado la construcción de nuestra casa. Más o menos al mismo tiempo también compramos un terreno en las montañas. La crisis en la escuela fue a más. En este tiempo tuve un profundo encuentro con Hermann von Kügelgen que estaba de visita en Brasil con una serie de charlas. Me ayudó a conseguir una comprensión profunda del enredo anímico en el colegio y entre los maestros. Fue un encuentro que significo un punto de inflexión en mi vida espiritual antroposófica y que de una manera transformada me condujo a un encuentro con la Esencia de Cristo. Sucedió precisamente en medio de mis 32 años.

Después viajamos por Argentina. Helmut von Kügelgen pronunció charlas pedagógicas y yo de medicina. Tuve encuentros importantes con gran cantidad de personas, entre otras con Gerhard Jödicke y Willi Wolldeck. Mi marido también se unió a nosotros en esta nueva forma de vida. Yo me ocupé con profun-

didad del curso pedagógico de juventud de Rudolf Steiner y quería proclamarlo a todo el mundo. Siempre me había inclinado hacia una vida meditativa. Desde que había conocido la literatura antroposófica, me dediqué de forma intensiva al estudio de los Cursos para Maestros de Navidad y de Pascua de Steiner. De este modo, amplié mi vida meditativa interior más allá de lo puramente medicinal y traté de comprender el mundo de una manera más global.

En la Escuela Waldorf se llegó a una completa ruptura y los maestros recién llegados se separaron del colegio. También para mí había llegado el momento de separarme de la Escuela. Tenía la sensación de haber ayudado lo suficiente y sentí en mi interior que mi verdadera misión era otra: la de fundar una clínica antroposófica aquí en São Paulo. Mi padre hacía tiempo que también había apoyado la idea de fundar una clínica. Sin embargo sentí que el antiguo método fisioterapéutico no era mi camino, sino que el camino antroposófico me ofrecía respuestas a aquellas preguntas que siempre se me habían planteado con respecto a la conducta de mi madre.

Mi suegro también se incorporó a la fábrica de mi marido. Vendió su propio negocio para unirse a la nueva empresa. Sin embargo, mi marido se preguntaba interiormente: '¿Será este mi camino o tal vez le hagan falta nuevos maestros a la pedagogía aquí en São Paulo?' Fue así como decidimos trasladarnos a Europa por un espacio de uno o dos años con niños y todo. Thomas acababa de cumplir los tres años. Las niñas tuvieron la suerte de ser admitidas en la 1ª y la 3ª clase de la Escuela Waldorf de Stuttgart y Thomas y yo nos quedamos en casa. La vida en Stuttgart no resultó tan fácil. Nuestros hijos eran ruidosos como niños brasileños que eran y me costaba mucho tener que llevar adelante todas las tareas del hogar. A menudo acudía al Seminario de Pedagogía Curativa de Eckwälden donde con gran empeño estudiaba euritmia curativa con Else Sittel y masajes y pintura curativa con Margarethe Hauschka. En el mismo

Stuttgart aprendí procedimientos farmacéuticos específicos con el viejo farmacéutico Spieß.

También tuve importantes encuentros con Ernst Lehrs y la señora Röschel-Lehrs con muchas conversaciones que profundizaban en la organización de formación antroposófica. En Heumaden cerca de Stuttgart había un pequeño grupo de médicos con el que fácilmente pude establecer contacto. Mi alma se iba llenando cada vez más de la gran riqueza con la que la gente me obsequiaba. Han tenido un profundo efecto sobre mi labor médica y hasta hoy sigo alimentándome de estas fuentes. Este periodo en Europa pertenece a los más fecundos de mi vida.

En Navidad tuvimos un importante encuentro con Bernard Lievegoed en el círculo de Arlesheim. Sobre todo para mi marido, este encuentro tuvo un carácter decisivo y reorientador. Se le presentó la oportunidad de visitar los Países Bajos en varias ocasiones para conocer mejor el trabajo del profesor Lievegoed. Mi marido advirtió que su misión en la pedagogía con adultos se encontraba en el marco del trabajo del Sr. Lievegoed. Este periodo fue para nosotros un tiempo de encuentros y separaciones, de reencuentros y de nuevas separaciones y cada uno de los dos tenía cosas novedosas y entusiastas que contar. Fue un tiempo muy rico.

El tiempo de Stuttgart pronto se acabó para nosotros. Nuestro barco, un carguero belga, hacía la ruta Amberes Brasil. No hubo medidas de seguridad y Thomas se cayó de la cubierta. Durante una semana devolvía una y otra vez. Al llegar a São Paulo, una radiografía de la cabeza reveló que su cráneo tenía una fisura recta desde la parte delantera hasta la trasera. Thomas tuvo que pasar todavía mucho tiempo en cama hasta restablecerse del todo.

Volvimos de Alemania en 1964. En Brasil fue el tiempo del golpe militar contra los comunistas que transcurrió sobre todo en São Paulo. No fueron tiempos fáciles para empezar algo nuevo en Brasil. Nuestros suegros estaban muy empeñados en *que volviéramos porque no había ningún médico que recetara medicinas de Weleda. Mi marido tomó la decisión de comenzar su labor de pedagogía social en su empresa "Giroflex". Incluso consideró la posibilidad de establecer una formación para maestros. Una antigua educadora de jardín de infancia vino a casa para ocuparse de esta tarea. Además se nos unió una maestra de labores de la Escuela Waldorf de Stuttgart. Nuestra nueva casa se encontraba cerca de la Escuela Waldorf y se fue convirtiendo en un pequeño centro terapéutico. Más tarde también llegó una euritmista de euritmia curativa de Stuttgart. Nuestra casa era una especie de centro cultural en el que se celebraban pequeños conciertos, obras de teatro y sobre todo pequeñas escenas navideñas.*

La idea de levantar una clínica se apoderó de nosotros cada vez con mayor fuerza, haciéndose todavía más urgente cuando un día mi marido al volver a casa se encontró en su cama a un paciente con fiebre alta.

A los 35 años hice otro viaje a Argentina para trabajar en la Escuela Waldorf en el ámbito terapéutico-medicinal y en el pedagógico.

Nuestra amiga Anne Lahusen me concedió un crédito sin intereses para poder iniciar la construcción de la clínica. Después de nuestra vuelta de Alemania vimos que no tenía sentido seguir manteniendo el Instituto Fisioterapéutico de mi padre. Lo vendimos y con el dinero obtenido compramos tres parcelas que no estaban lejos de nuestra casa. Se convirtieron en el terreno de la "Clínica Tobías". Se hallaba a unos cinco minutos entre nuestra casa y la Escuela. Mi marido Peter hizo los planos de construcción con ayuda de un joven ingeniero. Además, Peter se ocupaba de su pequeña escuela de pedagogía social ubicada en su empresa "Giroflex" y de la gestión de ésta.

Con 37 años y medio había llegado el momento de poner la primera piedra de la clínica. Fue un acontecimiento espiritual en el que también participaron nuestros amigos europeos. Llegaron felicitaciones y buenos augurios procedentes de muchos lugares del mundo y daba la impresión de que una brillante luz penetraba en el dodecaedro de la primera piedra.

Esta época marcó también el final de nuestra feliz convivencia familiar. Hasta este momento siempre había tenido la sensación de que todo me era fácil, que poseía una gran ventura y que todo caía a mi regazo. Sentía un impulso ascendente en mi vida. A veces incluso pensaba que tendría que marcharme de mi casa por espacio de seis meses para tener que salir adelante por mis propios medios y tal vez vivir con los indios y ayudarles. Pero como estaba la familia nunca tuve valor para llevarlo a cabo. Entonces llegó una fase que considero negativa en el curso de mi vida, aunque vista retrospectivamente me ha proporcionado una gran experiencia pues fui confrontada con el fenómeno del mal. Con el tiempo me ha servido para desarrollar una inmensa tolerancia hacia otras personas. De no haber atravesado estas vivencias, no habría sido capaz de desarrollar la suficiente humildad.

Me atraía la gente sencilla. Entre los habitantes del poblado de cerca de nuestra granja y yo surgió una buena amistad. Pude aportarles a estas gentes humildes un nuevo impulso cultural y nuestros hijos incluso hicieron representaciones navideñas.

Poco después de poner la primera piedra de la "Clínica Tobías" me quedé embarazada de nuevo. Sabía que iba a ser un niño y que se iba a llamar Tiago. A lo largo del embarazo, los muros de la clínica fueron creciendo. Mi marido se volcaba en las obras de construcción, sin recibir por mi parte mucho apoyo en esta tarea. El nacimiento de Tiago fue una gran alegría para todos nuestros pacientes y amigos. El nombre está profundamente relacionado con Santiago de Compostela, un lugar que no conocí hasta los 60 años.

Teníamos la intención de fundar un hogar para chicos procedentes del mencionado pueblo vecino de nuestra granja. Sin embargo, sólo logramos acoger a un niño de cinco años que para nosotros fue una especie de hijo adoptivo. De esta manera,

Thomas tenía un hermano con el que relacionarse. De nuevo me volcaba en la lactancia de mi bebé y no tenía ganas de colaborar en la clínica que estaba a punto de abrir sus puertas. En consecuencia, la inauguración se retrasó para celebrarse finalmente en la mitad de los 39 años. Advertí que mi energía vital estaba disminuyendo; al mismo tiempo tenía dos grandes misiones que cumplir, la educación de un niño pequeño y el trabajo de la clínica. Ya habíamos localizado a algunos médicos interesados en trabajar en la clínica. El día de la inauguración, la clínica fue transformada en una asociación. Pasó a llamarse "Associaçao Benéfica Clínica Tobías" y ahora se llama "Associaçao Benéfica Tobías". Desde los comienzos se formó en la clínica una pequeña comunidad de enfermeras, masajistas, terapeutas y algunos médicos externos.

A mis 42 años tuve un encuentro con un médico que trabajaba con nosotros y que pertenecía al movimiento rosacruz. Opinaba que yo era una genuina rosacruciana y quería llevarme a su escuela. Visité los lugares en varias ocasiones y me dio la impresión de encontrarme en el antiguo Egipto. En este tiempo también tuve un sueño en el que asistía a una iniciación egipcia; advertí muchos detalles de la relación personal con este médico.

En esta época, alrededor de los 42 años, tuve la sensación de encontrarme en un oscuro túnel. Sabía con certeza que había ciertos momentos de luz, pero luego desaparecían de mi consciencia. Nuestra relación matrimonial fue cada vez más difícil y nos fuimos distanciando del todo. Mi marido estaba siempre de viaje por Europa y yo estaba ocupada instruyendo a los demás médicos de la clínica en medicina antroposófica. Además estaba fascinada por una nueva amistad y no fui capaz de desarrollar un trabajo esotérico-espiritual. Hacia fuera todo iba como de costumbre con diversos compromisos, atención a los pacientes, etc. En mi interior me sentía dividida, como en un dilema. Por un lado sentía una gran atracción interior por un trabajo espiritual al que me había dedicado a lo largo de toda mi vida y por otro veía que me era imposi-

ble llevarlo a cabo. Me sentía como atrapada en una telaraña.

En esta época ya se estaba empezando la construcción de un edificio de ampliación para la Clínica. También se compró una granja de cultivo biodinámico. Vinieron algunos jóvenes de Europa para ocuparse de esta labor y ayudamos a crear las instalaciones sociales adecuadas para aquél lugar. No fue una tarea fácil. A menudo surgían conflictos generacionales. Retrospectivamente tanto jóvenes como mayores pensamos que hemos aprendido mucho de las situaciones de aquél tiempo y que muchas de ellas han dado sus frutos. Con el paso del tiempo, nuestra casa se había convertido en un lugar en el que se podía encontrar alojamiento en cualquier momento y procedente del lugar que fuera. En consecuencia, la intimidad de nuestra vida familiar se vio seriamente perturbada.

Cuando mi marido inició la pedagogía social en la empresa, ésta empezó a interesarme, cosa que antes no ocurría. Al mismo tiempo comenzó allí una labor antroposófica- medicinal. Después de algún tiempo me convertí en médico de la empresa y la visité dos veces en semana. Entonces me preocupaba sobre todo por los asuntos de los trabajadores. Organizamos fiestas de Navidad con más significado y representamos pequeñas obras de teatro. También se creo un jardín de infancia. Todo ello contribuyó enormemente al enriquecimiento cultural de la fábrica. Mi vida entonces se desarrollaba en tres ambientes: en el trabajo sociopedagógico en la empresa de mi marido, en la Clínica Tobías y en nuestra familia.

En lo posible nunca he renunciado a pasar las vacaciones con nuestros hijos. En este tiempo hicimos algunos largos viajes por Brasil en los que entre otras cosas visitamos distintas tribus indígenas, íbamos en barco o viajamos en tren hasta Bolivia y Perú. Con Thomas, Solway y un amigo y amiga de cada uno hicimos un extenso viaje al noreste de Brasil recorriendo toda la costa hasta Fortaleza.

Mi marido y yo teníamos cierta sensación de impotencia. No sabíamos muy bien qué rumbo darle a nuestra convivencia.

La clínica y el número de pacientes estaban creciendo, además acudían estudiantes de medicina y jóvenes médicos que querían saber más de medicina antroposófica exigiendo una formación. Creamos para ellos una formación regular en medicina antroposófica.

En la Clínica siempre nos veíamos obligados a hacer colectas de dinero y a conseguir la colaboración de la gente. Entonces apareció el Sr.D. que nos ofrecía ayuda no económica. Necesitábamos a alguien que continuara la labor sociopedagógica aquí en Brasil. Así fue que este hombre que de todos modos estaba buscando una nueva profesión decidió seguir una formación para cumplir este papel. Un año después viajó a Europa para cursar estudios en el NPI (Instituto Pedagógico Neerlandés). Después de finalizar su formación volvió a Brasil. Conjuntamente con el Sr.D., un maestro waldorf y un agricultor organicé unas jornadas con el tema: "Introducción al trabajo práctico de la antroposofía". Entonces tenía 45 años. La Clínica ampliada hizo necesario buscar nuevas tendencias. El segundo septenio en el que se encontraba la institución se hacía notar y exigía la introducción de nuevas normas, métodos de trabajo, etc. A fin de encontrarlas, invitamos al Sr.D. para que nos aconsejara en estas cuestiones. Acudió a nuestra biblioteca con grandes rollos de papel y una carpeta negra. Entre los dos surgió un conflicto acerca del malgasto de papel y de la consciencia ecológica. La situación de conflicto precisaba ser solucionada y a tales efectos tuvimos nuestra primera conversación personal en presencia de una tercera persona. Sin embargo, la conversación no llevó a una solución y lo volvimos a intentar a solas. En este tiempo, mi marido se encontraba de nuevo en Europa. Invité al Sr.D. a ver una obra de teatro, una pieza folklórica de Navidad del noreste de Brasil. Esta visita conjunta del teatro se convirtió en un verdadero encuentro para nosotros. Para conocernos mejor decidimos pasar un día en la playa para contarnos nuestras biografías. Los dos vimos con claridad que no iba a haber otra forma de relación que no fuera el matrimonio. Y así el Sr.D. se convirtió en Daniel, mi segundo marido.

Poco antes de que Peter, mi primer marido, viajara a Europa habíamos hecho un viaje al sur, al mar, y él había tenido la impresión de que iba a ser nuestro último viaje en común. No había podido explicarse esta sensación. Pero mi encuentro con el Sr.D. confirmó su premonición. Durante su estancia en Europa le comuniqué a Peter la nueva situación. En este tiempo también conoció a su segunda mujer en el Instituto Clínico-Terapéutico de Arlesheim. Después de su vuelta aclaramos nuestra situación y decidimos separarnos definitivamente.

Para mí comenzó una nueva vida. Con Peter me unía y me sigue uniendo una fuerte y profunda relación espiritual y ayudó y contribuyó en la medida de lo posible a que el trabajo general en los distintos ámbitos, sobre todo en la Clínica, no se viera afectado negativamente por nuestra separación. Para mí, la relación con mi marido siempre había tenido un carácter paternalista y hasta el día de hoy sigo acudiendo a él para pedirle consejo. Sin embargo, desde los veintitantos años en mi alma estaba la sensación de que me iba a encontrar con alguien que sería importante para mí. Y siempre había estado buscando a esta persona. Después del encuentro con Daniel, esta sensación ha desaparecido por completo.

Retrospectivamente puedo decir que el encuentro con mi segundo marido ha hecho aflorar muchos elementos que ya estaban presentes en mi. A través de Peter ya había entrado en contacto con temas sociopedagógicos y con el trabajo del Profesor Lievegoed. Este elemento se reforzó gracias a mi relación con Daniel. Después de que Helmuth J. ten Siethoffel, un amigo de Daniel, nos visitara en Brasil y nos dio la idea de aunar nuestras fuerzas —Daniel como consultor de empresas y yo como médico de empresa— decidimos crear seminarios de trabajo biográfico. De este modo encontramos un campo común de trabajo que con el paso de los años ha ido desarrollándose cada vez más.

Mi primer marido, Peter, pronto hizo venir a su segunda mujer desde Alemania y ésta se ocupó muy cariñosamente de la educación de Tiago. De este modo, yo podía seguir dedicándome a mi trabajo en la clínica y en los seminarios de medicina antroposófica. Había mucho que hacer.

Después de dos años durante los que vivimos cerca de la clínica y de mi antigua casa pudimos vender la última parte de mi herencia, una casa en la playa. Con la suma obtenida compramos una finca bastante grande a las afueras de São Paulo. Nuestro proyecto era construir allí con el tiempo una vivienda y tal vez un nuevo lugar de trabajo. En el terreno con el paso del tiempo se levantó la "Artemisia", nuestro actual centro biográfico y una casa de reposo.

Cuando la clínica llevaba ya siete años funcionando, tuve una importante vivencia. Tenía que pronunciar un discurso en la clínica. Estaba muy confusa y no sabía muy bien como abordar el asunto. Después de un masaje rítmico y descansando todavía en la camilla, sentí un gran espíritu sobre la clínica. Estaba convencida de que este ente era Ita Wegman. En este momento supe qué forma darle al discurso. Además decidí profundizar más en el conocimiento del destino de Ita Wegman y Rudolf Steiner. Después de uno o dos años cuando se había tranquilizado mi estado anímico interior pude llevar a cabo mi intención uniéndome en Pascua al Círculo de Médicos Antropósofos que cada año se reúne en Arlesheim. Y me ocupé de investigar en dicho tema.

A mis 49 años, Daniel y yo tuvimos la oportunidad de librarnos un poco de nuestro trabajo. Hicimos un viaje a Inglaterra de cinco meses de duración y visitamos el "Center of Social Development". En el marco de nuestra estancia también realizamos un maravilloso viaje a Italia y visitamos a Agathe y Norbert Glas. Agathe nos hablaba mucho de los pixies, unos pequeños gnomos. Cuando en una ocasión hicimos un viaje al sur de Irlanda acampamos cerca de un riachuelo donde no se veía a nadie durante todo el día. Entonces sucedió que Daniel pudo ver los "pixies". Fue el broche de oro de nuestro viaje.

Estaba comenzando mi séptimo septenio y sentí que necesitaba un cambio en mi vida. Estaba muy atenta y receptiva a las preguntas y tareas que se me presentaban desde fuera. Por un lado estaban los jóvenes estudiantes de medicina que demandaban una formación y multitud de cursos, en lo que el Dr. Otto Wolff nos prestó una valiosa ayuda. Por otro lado aquí también había otros jóvenes de otras profesiones, como por ejemplo psicólogos y pedagogos sociales. Este hecho nos llevó a crear junto con Alexander y Johanna Bos seminarios sociopedagógicos aparte de los ya existentes de medicina. En 1981 se hizo necesario buscar un nuevo edificio para acoger todos estos seminarios. En consecuencia nació con la ayuda de la "Associaçao Tobías" un nuevo centro de formación. Aquí podía impartirse una formación sociopedagógica así como cursos de formación de posgraduados en medicina y desde hace tres años también seminarios de terapia artística. Este lugar recibió el nombre de "Centro Paulus". Trasladamos nuestros cursos biográficos temporalmente desde la Clínica Tobías al nuevo edificio. Sin embargo, a la larga no había sitio para nuestros seminarios biográficos. Además necesitábamos un lugar para pacientes convalecientes de nuestra clínica. De modo que decidimos ceder "Artemisia" a la asociación Tobías, ampliar los edificios y acondicionarlos para acoger seminarios biográficos y posibilitar estancias depurativas y dietéticas así como de descanso para pacientes estresados. "Artemisia" existe ya desde hace 9 años. Se encuentra a unos 45 minutos de coche de la Clínica Tobías y aún está rodeada de selva, aunque la civilización se esté aproximando. "Artemisia" se convirtió en un lugar en el que la gente está a gusto, vuelve a entrar en contacto con su interior y con la naturaleza.

Otra tarea que se me presentó en mi octavo septenio fue la petición de describir aspectos antroposóficos relacionados con la alimentación en el marco de un libro sobre nutrición alternativa. El capítulo no debía constar de más de 30 páginas impresas; pero como había escrito casi un libro entero, lo edité en forma de publicación independiente. Lleva el título "Nuevos caminos en la alimentación" y consta de cuatro tomos. A mucha gente le ha servido de propuesta para conocer una alimentación basada en la antroposofía. Al escribir el libro sentí una fuerte colaboración de mi difunto padre. Tres años más tarde se editó otro libro sobre el zodíaco.

Seguí perteneciendo durante algún tiempo al círculo de responsables de la "Clínica Tobías" hasta que conseguí cortar del todo - al menos en lo que respectaba a mi horario de trabajo - para dedicarme de lleno a mi nueva ocupación en "Artemisia".

Entretanto, Daniel y yo hemos atravesado algunas crisis. Daniel abandonó durante algunos años su trabajo de consejero y colaboró con mucha entrega con la "Associaçao Benéfica Tobías" y allí sobre todo en la gerencia. Hace tan sólo cinco años que volvió a su trabajo de asesoramiento.

Tuvimos que experimentar lo difícil que es cuando el hogar —o mejor dicho, una habitación con baño— está en el mismo lugar que el trabajo, con seminarios biográficos en curso que absorben desde las siete de la mañana hasta las diez de la noche. A menudo también trabajamos los fines de semana, que es cuando nuestros pacientes disponen de más tiempo que entre semana. En este sentido, en todo este tiempo no hemos tenido un hogar privado para nosotros. Daniel finalmente se mudó a una casita y hace seis años pudimos construir nuestra propia casa en el terreno de la finca.

Mantuvimos nuestro ritmo de vacaciones. Una vez al año nos íbamos de vacaciones por espacio de un mes. Hace dos años, al comienzo de nuestro veraneo tuvimos un accidente de coche y me rompí dos vértebras. Estuve tirada en el suelo durante hora y media sin saber lo que había ocurrido. Mi "órgano del destino", la caja torácica, había resultado herida de nuevo. En la ambulancia tuve otra vez la misma sensación que a los nueve *años cuando fui atropellada por un coche.*

En la fase de transición hacia los 56 años —nodo lunar y comienzo de un nuevo septenio— no sentí grandes cambios. Antes, en cambio, con 54 años y como simetría a los 9 años, estuve a punto de ahogarme.

En la transición hacia mi noveno septenio tenía muy claro que era necesario redefinir mi misión. Tardé uno o dos años en darme cuenta de que la nueva misión había estado desarrollándose por sí sola a través de mis visitas a Europa. Aquí en Europa comencé en Suiza en la Clínica Lukas con trabajo biográfico para pacientes con cáncer, y en 1989 impartía cursos para terapeutas de todo tipo que querían introducirse en el trabajo biográfico tanto en Suiza y Alemania como en España y Portugal. Considero que estos eran los nuevos colores del nuevo septenio.

A los 60 años, al finalizar el segundo ciclo de Saturno, hubo cambios más profundos. Fue un gran regalo ser atendida durante cuatro semanas en la Clínica Tobías después de mi accidente de tráfico. Tuve la oportunidad de mantener muchas conversaciones y de renovar viejas relaciones personales. Cuando hoy, dos años después del accidente, me veo completamente restablecida, sólo puedo dar gracias a los sabios lances de la fortuna. Siempre han dispuesto lo oportuno y también en este caso me proporcionaron un remate del segundo ciclo de Saturno en el que la muerte y la resurrección volvieron a aparecer en mi vida. El accidente de nuevo me ha demostrado la importancia de tener metas en la vida. El gran secreto de la evolución es ponerse siempre nuevas metas.

Cuando después del accidente permanecí inmóvil en la cama, mi única meta fue volver a sujetar la cabeza o ponerme de lado para poder lavarme los dientes sin ayuda o comer sola. Al haberla alcanzado, la siguiente meta fue incorporarme poco a poco, estar sentada, poder leer un poco y ser más independiente. La próxima meta fue encargar un corsé nuevo y volver a aprender a andar. Fueron metas muy pequeñas, metas cercanas, que fue-

ron siendo más ambiciosas según se iba presentando mejoría. En este tiempo sentí la cercanía de dos personas difuntas que habían estado muy vinculadas a la Clínica, una de mis pacientes y el autor de la "Carta de un hombre de 22 años". Ellos me tomaron como ejemplo en la labor de reconstruir un cuerpo, en este caso las propias vértebras. Todos los días, los difuntos me acompañaban junto a mi lecho.

Me era muy difícil aceptar que mi cabeza no era capaz de desarrollar creatividad mientras mis piernas permanecían inmóviles. Por ejemplo me era imposible escribir un libro en la cama. Estoy segura que de esta situación derivarán aún muchas posibilidades nuevas para el futuro.

La relación con mi marido Daniel pudo hacerse más profunda. Esta lleva ya 17 años.

Retrospectivamente he observado una importante regla en las fases medias de mi biografía. Entre los 21 y los 28 años he absorbido intensamente los conocimientos de la medicina antroposófica. Entre los 28 y los 35, sobre todo durante mi estancia en Alemania entre los 32 y los 34 años, he profundizado en el elemento artístico con masajes rítmicos, euritmia curativa, terapia artística (pintura) y contemplación de obras artísticas. Entre los 35 y los 42 años finalmente se produjo la colocación de la primera piedra y la inauguración de la Clínica. Se me reveló el camino desde la cabeza pasando por el corazón a la acción.

Esto se repitió de modo similar con el trabajo de pedagogía social que desembocó en el trabajo biográfico: la acogida (de los 42 a los 49), la práctica (de los 49 a los 56) y la realización del impulso y fundación de un lugar de trabajo ("Artemisia") a los 54 años.

Algunas simetrías se desprenden del esquema que toma como centro los 32 años (véase figura 20). En mi biografía no tiene mucho sentido una simetría con punto de inflexión a los 21 años. En mi curso vital (al igual que en el de muchas otras personas) se ha demostrado que también hay "años de espera" que

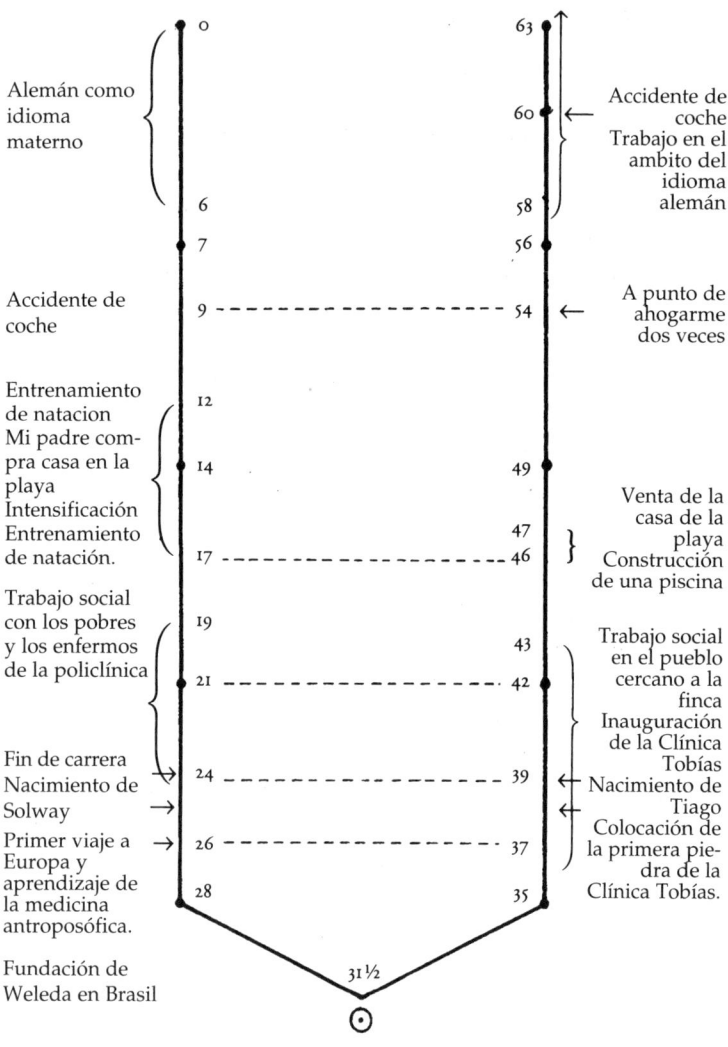

Figura 20: Algunas simetrías en mi propia biografía

en parte incluso se reflejan en la simetría. Quisiera referirme a ellos como una especie de "años de gestación". Por ejemplo:

Nacimiento Solway   24 - 26

Esperando el viaje a Arlesheim y comienzo de la medicina antroposófica.

Nacimiento Tiago   37 - 39

Esperando la inauguración de la Clínica y realización de la medicina antroposófica.

Otro año de espera se presenta entre

Preparación intensiva para la universidad   17 - 18

Amor nuevo e intenso hacia Daniel estudio concentrado de los ciclos de conferencias de Rudolf Steiner   45 - 46

En la primera mitad de mi quinto septenio (cuando trabajaba como médico de la Escuela) mis relaciones personales eran muy caóticas. Entre los 31 y los 32 años se produjo una especie de cristificación de mis relaciones. En la segunda mitad de este septenio se habían formado nuevas e importantes relaciones personales a través de mis viajes a Europa que han sido decisivos para el desarrollo posterior de mi trabajo.

En lo que a mi trabajo se refiere, he llevado mi propia consulta médica durante 14 años (de los 25 a los 39). Al mismo tiempo trabajé durante 6 años como médico de la Escuela y en el Instituto de mi padre, durante dos años en Europa y otros seis años en casa en el Centro Terapéutico. Siguieron 14 años de trabajo en la Clínica Tobías, siete años de los cuales como única res-

ponsable con la ayuda administrativa de mi primer marido y los otros siete con un grupo de responsables. En este equipo trabajaba también mi segundo marido Daniel. Después de otros dos años me había desprendido completamente de este trabajo. También en "Artemisia" en la que empecé a trabajar a los 53 años, después de siete años se formó un "círculo de amigos". Mi marido Daniel comenzó a dar cursos de asesoramiento de empresas. También en estas consideraciones se hace patente el ritmo de siete años.

Sigo trabajando como médico. Los pacientes acuden a "Artemisia" y puedo hacerles partícipes de la capacidad curativa que siempre residía en mi interior no sólo a través de medicamentos sino también con los seminarios biográficos que imparto.

São Paulo, en mayo de 1992

Otras obras del autor publicadas por la Editorial Rudolf Steiner:

La ciencia oculta

La filosofía de la libertad

Cómo se alcanza el conocimiento de los mundos superiores

Teosofía

Teosofía del Rosacruz

Antroposofía. Pensamientos Guía.

Las etapas del conocimiento espiritual

Comentarios al Evangelio de San Juan

El cristianismo y los misterios de la antigüedad

Los enigmas de la Filosofía

Ensayos de ética

Goethe y su visión del mundo

Teoría del conocimiento basada en la concepción goetheana del mundo

Verdad y ciencia

La educación del niño. Metodología de la enseñanza

Curso de educación especial

Curso de pedagogía para jóvenes

La sabiduría de los cuentos de hadas

Euritmia. Lenguaje visible del alma

Nietzsche. Un luchador contra su época

Curso de agricultura biodinámica

El aspecto interno de la cuestión social

Hacia una renovación social

ESTE
LIBRO SE TERMINÓ
DE IMPRIMIR EL DÍA 14 DE
JULIO DEL AÑO 2000 EN
ARTES GRÁFICAS GREFOL.
POL. IND. "LA FUENSANTA"
MÓSTOLES
(MADRID)